电网生产技术改造与设备大修项目典型造价汇编

变电检修分册

国家电网有限公司设备管理部 组编

中国电力出版社

内 容 提 要

本书为《电网生产技术改造与设备大修项目典型造价汇编（2023年版） 变电检修分册》，共分为三篇。其中，第一篇为总论，包括概述、编制过程、总说明；第二篇为典型方案造价，包含方案概况、主要技术条件、估算费用、电气设备材料和工程量等内容；第三篇为使用说明。

本书可供电网生产技术改造与设备大修项目管理相关人员、项目评审单位参考使用，也可供从事电力行业规划、设计、建设、运维等相关工作的专业技术人员学习使用。

图书在版编目（CIP）数据

电网生产技术改造与设备大修项目典型造价汇编：2023年版. 变电检修分册 / 国家电网有限公司设备管理部组编. —北京：中国电力出版社，2023.12
ISBN 978-7-5198-8531-1

Ⅰ. ①电… Ⅱ. ①国… Ⅲ. ①电网–技改工程–工程造价–中国②变电所–检修–技改工程–工程造价–中国 Ⅳ. ①F426.61

中国国家版本馆 CIP 数据核字（2023）第 248537 号

出版发行：	中国电力出版社
地　　址：	北京市东城区北京站西街 19 号（邮政编码 100005）
网　　址：	http://www.cepp.sgcc.com.cn
责任编辑：	肖　敏
责任校对：	黄　蓓　马　宁
装帧设计：	张俊霞
责任印制：	石　雷
印　　刷：	三河市万龙印装有限公司
版　　次：	2023 年 12 月第一版
印　　次：	2023 年 12 月北京第一次印刷
开　　本：	787 毫米×1092 毫米　16 开本
印　　张：	11
字　　数：	235 千字
印　　数：	0001—1000 册
定　　价：	52.00 元

版权专有　侵权必究

本书如有印装质量问题，我社营销中心负责退换

电网生产技术改造与设备大修项目典型造价汇编
（2023年版）
变电检修分册

编 委 会

主　　编　吕　军
副 主 编　周宏宇　张贺军
编　　委　刘　昊　李培栋　郑　燕　曾　军　张　凯　吴　强
　　　　　梁　瑜　李景华　吴化君　王国功　杜　平　杨本渤
　　　　　项　薇

编 写 组

成　　员　张　恒　李　曈　王艳芹　吕　琦　李凌云　刘光辉
　　　　　安超印　王晓晖　王　勇（河北）　高静仁　张弘扬
　　　　　胡智博　盛腾飞　王　勇（辽宁）　王　革　李春春
　　　　　赵丽华　谷　雨　凌云鹏　席小娟　刘　英　张博闻

电网生产技术改造与设备大修项目 典型造价汇编 (2023年版)

变电检修分册

前言

电网生产技术改造与设备大修项目（简称项目）规范化管理是落实国家电网有限公司（简称国家电网公司）资产全寿命周期管理提升行动，推动构建现代设备管理体系的重要手段。近年来，随着电力体制改革不断深化，电网运行安全、质量和效益管理要求不断提升，对项目精益管理水平提出更高要求。

为进一步提升项目规范化管理水平及造价计列精准性，2021 年始，国家电网公司组织有关单位，依据国家最新定额标准，结合项目管理实际，在充分调研、精心比选、反复论证的基础上，历时近 2 年时间，修编完成《电网生产技术改造与设备大修项目典型造价汇编（2023 年版）》丛书（简称《2023 年版典型造价》）。《2023 年版典型造价》汲取了以往电网工程典型造价的编制经验，并充分考虑当前项目立项、实施、结算等环节管理特点，以单项工程为计价单元，优化提炼出具有代表性的典型方案，按照设计规程规范、建设标准和现行的估算编制依据，编制形成典型造价。

《2023 年版典型造价》共 6 册，分别为《变电技改分册》《变电检修分册》《输电技改分册》《输电检修分册》《配电技改检修分册》《通信/继电保护/自动化技改检修分册》。涵盖变电、输电、配电、继电保护、自动化、通信 6 个专业，覆盖 0.4～500kV 电压等级，涉及 30 类设备、341 个典型项目方案，方案包含方案概况、主要技术条件、估算费用、电气设备材料和工程量等内容。

《2023 年版典型造价》在编写过程中得到了电力设备运维人员、管理人员、电力工程设计人员、施工人员等的大力支持，在此表示感谢。

因时间关系，书中难免有疏漏之处，敬请各位读者批评指正。

电网生产技术改造与设备大修项目
典型造价编制工作组
2023 年 7 月

目录

前言

第一篇 总论 ·· 1

第1章 概述 ·· 1
第2章 典型造价编制过程 ··· 2
第3章 典型造价总说明 ·· 3
    3.1 典型方案形成过程 ·· 3
    3.2 典型造价编制依据 ·· 3
    3.3 典型造价编制相关说明 ·· 4
    3.4 典型造价编码规则 ·· 5
    3.5 典型造价一览表 ·· 5

第二篇 典型方案造价 ·· 8

第4章 检修变压器 ·· 8
    4.1 XA1-1 更换66kV主变储油柜 ··· 8
    4.2 XA1-2 更换66kV主变冷却系统 ·· 11
    4.3 XA1-3 更换66kV主变有载分接开关 ··· 14
    4.4 XA1-4 解体检修66kV主变压器 ··· 17
    4.5 XA1-5 更换110kV主变储油柜 ··· 20
    4.6 XA1-6 更换110kV主变冷却系统 ··· 23
    4.7 XA1-7 更换110kV主变有载分接开关 ··· 26
    4.8 XA1-8 解体检修110kV主变压器 ··· 28
    4.9 XA1-9 更换220kV主变储油柜 ··· 32
    4.10 XA1-10 更换220kV主变冷却系统 ·· 34
    4.11 XA1-11 更换220kV主变有载分接开关 ··· 37

4.12　XA1-12　解体检修 220kV 主变压器 ································ 39

4.13　XA1-13　更换 500kV 主变（单相）储油柜 ······················ 43

4.14　XA1-14　更换 500kV 主变（单相）冷却系统 ···················· 45

4.15　XA1-15　更换 500kV（单相）主变有载分接开关 ················ 48

4.16　XA1-16　解体检修 500kV 主变压器（单相） ···················· 51

第 5 章　检修断路器 ··· 55

5.1　XA2-1　检修 35kV SF$_6$ 瓷柱式断路器弹簧操动机构 ············ 55

5.2　XA2-2　检修 66kV SF$_6$ 瓷柱式断路器弹簧操动机构 ············ 57

5.3　XA2-3　检修 110kV SF$_6$ 瓷柱式断路器弹簧操动机构 ··········· 60

5.4　XA2-4　检修 220kV SF$_6$ 瓷柱式断路器弹簧操动机构 ··········· 63

5.5　XA2-5　检修 500kV SF$_6$ 瓷柱式断路器弹簧操动机构 ··········· 66

第 6 章　检修隔离开关 ··· 70

6.1　XA3-1　更换 35kV 双柱水平旋转隔离开关操动机构配件 ········ 70

6.2　XA3-2　更换 35kV 双柱水平旋转隔离开关操动机构 ············· 73

6.3　XA3-3　更换 35kV 双柱水平旋转隔离开关导电部件 ············· 75

6.4　XA3-4　更换 66kV 双柱水平（V型）旋转隔离开关操动机构
配件 ·· 78

6.5　XA3-5　更换 66kV 双柱水平（V型）旋转隔离开关操动机构 ··· 81

6.6　XA3-6　更换 66kV 双柱水平（V型）旋转隔离开关导电部件 ··· 83

6.7　XA3-7　更换 110kV 双柱水平旋转隔离开关操动机构配件 ······ 86

6.8　XA3-8　更换 110kV 双柱水平旋转隔离开关操动机构 ··········· 89

6.9　XA3-9　更换 110kV 双柱水平旋转隔离开关导电部件 ··········· 91

6.10　XA3-10　更换 110kV 单柱垂直伸缩隔离开关操动机构配件 ····· 94

6.11　XA3-11　更换 110kV 单柱垂直伸缩隔离开关操动机构 ·········· 97

6.12　XA3-12　更换 110kV 单柱垂直伸缩隔离开关导电部件 ·········· 99

6.13　XA3-13　更换 220kV 三柱水平旋转隔离开关操动机构配件 ···· 102

6.14　XA3-14　更换 220kV 三柱水平旋转隔离开关操动机构 ········· 105

6.15　XA3-15　更换 220kV 三柱水平旋转隔离开关导电部件 ········· 107

6.16　XA3-16　更换 220kV 双柱水平伸缩隔离开关操动机构配件 ···· 110

6.17　XA3-17　更换 220kV 双柱水平伸缩隔离开关操动机构 ········· 113

6.18　XA3-18　更换 220kV 双柱水平伸缩隔离开关导电部件 ········· 115

6.19　XA3-19　更换 220kV 单柱垂直伸缩隔离开关操动机构配件 ···· 118

6.20　XA3-20　更换 220kV 单柱垂直伸缩隔离开关操动机构 ········· 121

6.21　XA3-21　更换220kV单柱垂直伸缩隔离开关导电部件 ……… 123
6.22　XA3-22　更换500kV三柱组合式隔离开关操动机构配件 …… 126
6.23　XA3-23　更换500kV三柱组合式隔离开关操动机构 ……… 129
6.24　XA3-24　更换500kV三柱组合式隔离开关导电部件 ……… 131
6.25　XA3-25　更换500kV双柱水平伸缩隔离开关操动机构配件 … 134
6.26　XA3-26　更换500kV双柱水平伸缩隔离开关操动机构 …… 137
6.27　XA3-27　更换500kV双柱水平伸缩隔离开关导电部件 …… 139
6.28　XA3-28　更换500kV单柱垂直伸缩隔离开关操动机构配件 … 142
6.29　XA3-29　更换500kV单柱垂直伸缩隔离开关操动机构 …… 145
6.30　XA3-30　更换500kV单柱垂直伸缩隔离开关导电部件 …… 147

第7章　检修10kV开关柜 …………………………………………… 151
7.1　XA4-1　检修10kV开关柜设备 ……………………………… 151

第8章　检修接地 ………………………………………………………… 154
8.1　XA5-1　检修35kV变电站接地 ……………………………… 154
8.2　XA5-2　检修66kV变电站接地 ……………………………… 156
8.3　XA5-3　检修110kV变电站接地 …………………………… 158

第三篇　使用说明 …………………………………………………… **162**

第9章　典型造价使用说明 ……………………………………………… 162
9.1　典型方案应用范围 ……………………………………………… 162
9.2　典型方案应用方法 ……………………………………………… 162

附录A　建筑修缮、设备检修工程取费基数及费率一览表 ……………… 163
附录B　其他费用取费基数及费率一览表 ………………………………… 164
参考文献 ………………………………………………………………… 165

第一篇 总　　论

第 1 章 概　　述

为服务国家电网公司"一体四翼"发展战略，支撑现代设备管理体系建设，进一步提升电网生产技术改造与设备大修项目（简称项目）管理水平，提高项目可研、设计、采购、结算质效，国家电网公司委托国网经济技术研究院有限公司（简称国网经研院）、国网河北省电力有限公司（简称国网河北电力）牵头收集整理 2019 年 6 月～2023 年 8 月期间各类典型项目，明确技术条件和工程取费标准，在《电网生产技术改造工程典型造价（2017 年版）》的基础上，修编形成《电网生产技术改造与设备大修项目典型造价汇编（2023 年版）》（简称《2023 年版典型造价》）。

《2023 年版典型造价》基于标准化设计，遵循"方案典型、造价合理、编制科学"的原则，形成典型方案库。一是方案典型。通过对大量实际工程的统计、分析，结合公司各区域工程建设实际特点，合理归并、科学优化典型方案。二是造价合理。统一典型造价的编制原则、编制深度和编制依据，按照国家电网公司项目建设标准，综合考虑各地区工程建设实际情况，体现近年项目造价的综合平均水平。三是编制科学。典型造价编制工作结合项目管理实际，提出既能满足当前工程要求又有一定代表性的典型方案，根据现行的估算编制依据，优化假设条件，使典型造价更合理、更科学。

《电网生产技术改造与设备大修项目典型造价汇编（2023 年版） 变电检修分册》为第二册，适用于检修变压器、检修断路器、检修隔离开关、检修 10kV 开关柜、检修接地等电网检修项目。

本分册共分为三篇，第一篇为总论，包括概述、编制过程、总说明；第二篇为典型方案造价，包含方案概况、主要技术条件、估算费用、电气设备材料和工程量等内容；第三篇为使用说明。

本分册典型造价应用时需与实际工作结合，充分考虑电网工程技术进步、国家政策等影响造价的各类因素。一是处理好与工程实际的关系。典型造价与工程实际的侧重点不同，但编制原则、技术条件一致，因此，在应用中可根据两者的特点，相互补充参考。二是因地制宜，加强对各类费用的控制。《2023 年版典型造价》按照《电网检修工程预算编制与计算规定（2020 年版）》（简称《预规》）计算了每个典型方案的具体造价，对于计价依据明确的费用，在实际工程设计评审等管理环节中必须严格把关；对于建设场地征用及清理费用等地区差异较大、计价依据未明确的费用，应进行合理的比较、分析与控制。

第2章　典型造价编制过程

典型造价编制工作于 2021 年 7 月启动，2023 年 8 月形成最终成果，期间召开 5 次研讨会，明确各阶段工作任务，对典型方案、估算编制原则和典型造价进行评审，提高典型造价科学性、正确性和合理性。具体编制过程如下：

2021 年 7～9 月，召开启动会，明确编制任务，研讨《电网生产技术改造工程典型造价（2017 年版）》方案设置情况，结合项目实际情况，经多次会议讨论，梳理形成《2023 年版典型造价》方案清单。

2021 年 10～11 月，细化方案清单，明确典型方案的主要技术条件及主要工程量，明确对应的定额子目。在北京召开集中研讨会，审定典型方案的技术条件及设计规模，初步确定定额子目及配套使用规则。

2021 年 12 月～2022 年 4 月，国网经研院、国网河北电力统一编制标准、明确编制依据，各参研单位根据典型方案技术规模、《预规》等计价规范，编制形成典型造价案例库。

2022 年 5～11 月，在编制组内开展互查互审工作，对典型造价案例库的技术规模和定额计费情况征集修改意见，组织多轮修改工作和集中审查工作，统一《2023 年版典型造价》形式。

2022 年 12 月～2023 年 1 月，线上召开电网生产技改与设备大修项目典型造价汇报审查会议，根据审查意见，依据《国网设备部关于印发电网生产技术改造和设备大修项目估算编制指导意见的通知》（设备计划〔2022〕96 号文）调整典型造价估算书，并根据当前市场价格更新主要材料与设备价格。

2023 年 2～6 月，邀请国网湖北省电力有限公司、国网福建省电力有限公司对编制成果进行审查，同期组织第二次编制组内互查互审工作，对审查意见进行集中梳理研讨并对应完成修改工作。

2023 年 6～8 月，国网经研院与国网河北电力完成终稿校审工作。

第3章 典型造价总说明

典型造价编制严格执行国家有关法律法规、电网工程技术改造预算编制与计算规定和配套定额、电网检修工程预算编制与计算规定和配套定额，设备材料以2022年为价格水平基准年，结合实际工程情况，形成典型造价方案、确定典型造价编制依据。估算书的编制深度和内容符合现行《电网技术改造工程预算编制与计算规定（2020年版）》及《电网检修工程预算编制与计算规定（2020年版）》的要求，表现形式遵循《预规》规定的表格形式、项目划分及费用性质划分原则。

3.1 典型方案形成过程

本册典型方案从实际工程选取，参考河北、山东、江苏、河南、重庆、辽宁、宁夏、新疆等地区电网设备大修项目类型确定，典型方案形成过程如下：

（1）典型方案选择原则：根据造价水平相当的原则，科学合理归并方案，确保方案的适用性、典型性。

（2）典型方案选取：以各地区常见工程为基础，充分考虑地区差异，整理分析典型工程，按专业类型及工程规模形成主体框架。

（3）典型方案确定：根据不同地区、各电压等级电网设备大修项目特点，以单项工程为计价单元，优化提炼出具有一定代表性的典型方案。

（4）典型方案主要技术条件：明确典型方案的主要技术条件，确定各方案边界条件及组合原则。

（5）典型方案主要内容：确定各方案具体工作内容。

3.2 典型造价编制依据

（1）项目划分及取费执行国家能源局发布的《电网技术改造工程预算编制与计算规定（2020年版）》及《电网检修工程预算编制与计算规定（2020年版）》。

（2）定额采用《电网技术改造工程概算定额（2020年版）》《电网技术改造工程预算定额（2020年版）》《电网检修工程预算定额（2020年版）》《电网拆除工程预算定额（2020年版）》。

（3）措施费取费标准按北京地区（Ⅱ类地区）计取，不计列特殊地区施工增加费。

（4）定额价格水平调整执行《电力工程造价与定额管理总站关于发布2020版电网技术改造及检修工程概预算定额2022年上半年价格水平调整系数的通知》（定额〔2022〕21号）相关规定。人工费和材机费调整金额只计取税金，汇总计入总表"编制基准期价差"。

（5）建筑地方材料根据《北京工程造价信息》（月刊〔总第266期〕）计列。

（6）电气设备及主要材料价格统一按照《电网工程设备材料信息参考价》（2022年第三

季度）计列，信息价格中未含部分，按照 2022 年第三季度国家电网公司区域工程项目招标中标平均价计列，综合材料价格按《电力建设工程装置性材料综合信息价（2021 年版）》计列。

（7）住房公积金和社会保险费按北京标准执行，分别按 12%和 28.3%（含基本养老保险、失业保险、基本医疗保险、生育保险、工伤保险）计取。

（8）甲供设备材料增值税税金按 13%计列，乙供设备材料及施工增值税税金按 9%计列，设计、监理、咨询等技术服务增值税税金按 6%计列。

（9）取费表取费基数及费率见附录 A，其他费用取费基数及费率见附录 B。

3.3 典型造价编制相关说明

典型造价编制过程中通过广泛调研，明确了各专业设计方案的主要技术条件，确定了工程造价的编制原则及依据，具体如下：

（1）各典型造价技术方案中的环境条件按北京地区典型条件考虑，各参数假定条件为地形：平原；地貌：Ⅲ类土；海拔：2000m 以下；气温：-20～45℃；污秽等级：Ⅳ。

（2）建筑材料按不含税价考虑；电气设备、主要材料按含税价考虑。

（3）设备、配件按供货至现场考虑，按设备、配件价格及相应计提比例计列卸车费，施工现场的配件保管费已在临时设施费和企业管理费等费用中综合考虑。

（4）设计费除计列基本设计费外，同时计列了施工图预算编制费和竣工图文件编制费，施工图预算编制若由施工队伍编制，则不应列入设计费中。

（5）多次进场增加费考虑综合情况，实际进出场次数按 1 次考虑。

（6）总费用中不计列基本预备费。

（7）本册典型方案库中变电专业拆除工程余土外运运距按 20km 考虑，设备不考虑二次运输。

（8）"典型方案工程量表"与"典型方案电气设备材料表"中"序号"列显示内容包含项目划分的序号、定额编码、物料编码。其中项目划分的序号、定额编码与《预规》及定额保持一致。

（9）当更换一个间隔内的电压互感器或电流互感器时，无论更换几项，分系统调试费及启动调试费均按一个间隔计取，不做调整；更换电压互感器时，无论出线互感器还是母线互感器，均按间隔数量确定分系统调试和启动调试费用；当更换多台设备时，特殊试验费根据定额要求进行系数调整。

（10）根据《预规》与定额要求需对定额进行调整时，在定额序号前标"调"，同时分别注明人材机的调整系数，其中"R"表示人工费，"C"表示材料费，"J"表示机械费。根据实际情况，没有与实际工作内容完全一致的定额时，需套用相关定额或其他定额时，在定额序号前标"参"，根据实际情况，定额中的人材机与定额子目明细不同时，套用此定额需在定额序号前加"换"。

3.4 典型造价编码规则

典型方案编码含义：

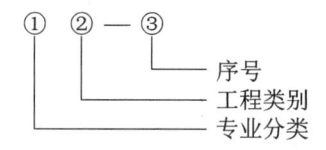

```
① ② — ③
        │   │   └── 序号
        │   └────── 工程类别
        └────────── 专业分类
```

典型方案编码规则分别见表 3-1～表 3-3。

表 3-1　　　　　　　　　专 业 分 类 编 码 规 则

专业分类	变电	输电	配电	通信	继电保护	自动化
技改代码	A	B	C	D	E	F
检修代码	XA	XB	XC	XD	—	—

表 3-2　　　　　　　　　工 程 类 别 编 码 规 则

工程类别	检修变压器	检修断路器	检修隔离开关	检修 10kV 开关柜
代码	1	2	3	4
工程类别	检修接地			
代码	5			

表 3-3　　　　　　　　　序 号 编 码 规 则

流水号	1	2	3	…	N	N+1
代码	1	2	3	…	N	N+1

3.5 典型造价一览表

典型造价一览表为本册方案总览，包含方案编码、方案名称、方案规模、方案投资、配件购置费，详见表 3-4。

表 3-4　　　　　　　　　变电专业典型造价一览表

方案编码	方案名称	方案规模	方案投资	其中：配件购置费
XA	变电专业			
XA1	检修变压器		万元	万元
XA1-1	更换 66kV 主变储油柜	1 台	8.32	6.34
XA1-2	更换 66kV 主变冷却系统	1 台	7.40	6.04

续表

方案编码	方案名称	方案规模	方案投资	其中：配件购置费
XA1-3	更换66kV主变有载分接开关	1个	19.87	15.96
XA1-4	解体检修66kV主变压器	1台	27.20	7.59
XA1-5	更换110kV主变储油柜	1台	10.92	8.48
XA1-6	更换110kV主变冷却系统	1台	11.21	7.27
XA1-7	更换110kV主变有载分接开关	1个	23.78	19.06
XA1-8	解体检修110kV主变压器	1台	31.53	11.32
XA1-9	更换220kV主变储油柜	1台	17.48	14.10
XA1-10	更换220kV主变冷却系统	1台	20.28	15.14
XA1-11	更换220kV主变有载分接开关	1台	43.82	35.46
XA1-12	解体检修220kV主变压器	1台	59.88	22.16
XA1-13	更换500kV主变（单相）储油柜	1台	20.04	15.92
XA1-14	更换500kV主变（单相）冷却系统	1台	44.45	37.01
XA1-15	更换500kV主变（单相）有载分接开关	1个	62.62	53.20
XA1-16	解体检修500kV主变压器（单相）	1台	69.85	17.93
XA2	检修断路器		万元	万元
XA2-1	检修35kV SF_6 瓷柱式断路器弹簧操动机构	1台	1.91	1.65
XA2-2	检修66kV SF_6 瓷柱式断路器弹簧操动机构	1台	2.13	1.7
XA2-3	检修110kV SF_6 瓷柱式断路器弹簧操动机构	1台	2.18	1.65
XA2-4	检修220kV SF_6 瓷柱式断路器弹簧操动机构	1台	3.35	2.61
XA2-5	检修500kV SF_6 瓷柱式断路器弹簧操动机构	1台	8.05	6.73
XA3	检修隔离开关		万元	万元
XA3-1	更换35kV双柱水平旋转隔离开关操动机构配件	1组	1.67	1.22
XA3-2	更换35kV双柱水平旋转隔离开关操动机构	1组	3.79	3.27
XA3-3	更换35kV双柱水平旋转隔离开关导电部件	1组	3.96	3.46
XA3-4	更换66kV双柱水平（V型）旋转隔离开关操动机构配件	1组	2.75	2.16
XA3-5	更换66kV双柱水平（V型）旋转隔离开关操动机构	1组	5.14	4.97
XA3-6	更换66kV双柱水平（V型）旋转隔离开关导电部件	1组	3.91	3.25
XA3-7	更换110kV双柱水平旋转隔离开关操动机构配件	1组	1.86	1.22

续表

方案编码	方案名称	方案规模	方案投资	其中：配件购置费
XA3-8	更换110kV双柱水平旋转隔离开关操动机构	1组	4.09	3.27
XA3-9	更换110kV双柱水平旋转隔离开关导电部件	1组	5.10	4.26
XA3-10	更换110kV单柱垂直伸缩隔离开关操动机构配件	1组	1.86	1.22
XA3-11	更换110kV单柱垂直伸缩隔离开关操动机构	1组	4.09	3.27
XA3-12	更换110kV单柱垂直伸缩隔离开关导电部件	1组	5.31	4.47
XA3-13	更换220kV三柱水平旋转隔离开关操动机构配件	1组	2.26	1.22
XA3-14	更换220kV三柱水平旋转隔离开关操动机构	1组	5.11	3.84
XA3-15	更换220kV三柱水平旋转隔离开关导电部件	1组	10.07	8.51
XA3-16	更换220kV双柱水平伸缩隔离开关操动机构配件	1组	2.26	1.22
XA3-17	更换220kV双柱水平伸缩隔离开关操动机构	1组	5.11	3.84
XA3-18	更换220kV双柱水平伸缩隔离开关导电部件	1组	8.52	6.96
XA3-19	更换220kV单柱垂直伸缩隔离开关操动机构配件	1组	2.26	1.22
XA3-20	更换220kV单柱垂直伸缩隔离开关操动机构	1组	4.99	3.73
XA3-21	更换220kV单柱垂直伸缩隔离开关导电部件	1组	8.79	7.23
XA3-22	更换500kV三柱组合式隔离开关操动机构配件	1组	3.74	2
XA3-23	更换500kV三柱组合式隔离开关操动机构	1组	10.85	8.54
XA3-24	更换500kV三柱组合式隔离开关导电部件	1组	16.31	13.57
XA3-25	更换500kV双柱水平伸缩隔离开关操动机构配件	1组	2.80	1.13
XA3-26	更换500kV双柱水平伸缩隔离开关操动机构	1组	5.90	3.99
XA3-27	更换500kV双柱水平伸缩隔离开关导电部件	1组	11.03	8.59
XA3-28	更换500kV单柱垂直伸缩隔离开关操动机构配件	1组	2.80	1.13
XA3-29	更换500kV单柱垂直伸缩隔离开关操动机构	1组	5.90	3.99
XA3-30	更换500kV单柱垂直伸缩隔离开关导电部件	1组	11.32	8.86
XA4	检修10kV开关柜		万元	万元
XA4-1	检修10kV开关柜设备	1台	0.98	0.13
XA5	检修接地		万元	万元
XA5-1	检修35kV变电站接地	1站	32.72	/
XA5-2	检修66kV变电站接地	1站	63.78	/
XA5-3	检修110kV变电站接地	1站	65.73	/

第二篇 典型方案造价

第4章 检修变压器

典型方案说明

检修变压器典型方案共16个：按照电压等级、检修内容分为66kV至500kV（不含330kV）不同类型的主检修变压器典型方案。所有方案的工作范围包括绝缘油试验及继电器、油温计、油位计、吸湿器、压力释放阀、空气开关配件更换，不包含设备基础修缮，以及保护等二次设备检修。

4.1 XA1-1更换66kV主变储油柜

4.1.1 典型方案主要内容

本典型方案为更换1台66kV变压器储油柜，内容包括放、注油，储油柜拆除、安装，绝缘油过滤，绝缘油试验。

4.1.2 典型方案主要技术条件

典型方案XA1-1主要技术条件见表4-1。

表4-1　　　　　　典型方案XA1-1主要技术条件

方案名称	工程主要技术条件	
更换66kV主变储油柜	额定电压	66kV
	设备要求	66kV常规变压器隔膜式
	工作条件	环境温度-40～50℃
	容量要求	整体储油量×0.05
	海拔	1000m以上

4.1.3 典型方案估算书

估算投资为总投资，编制依据按第3章要求。典型方案XA1-1估算书包括总估算汇总表、设备检修专业汇总表、其他费用估算表，分别见表4-2～表4-4。

表 4-2　　　　　　　　　　典型方案 XA1-1 总估算汇总表　　　　　　　　金额单位：万元

序号	工程或费用名称	含税金额	占合计总费用的比例（%）	不含税金额	可抵扣增值税金额
一	建筑修缮费				
二	设备检修费	1.32	14.19	1.21	0.11
三	配件购置费	7.16	76.99	6.34	0.82
	其中：编制基准期价差	0.03	0.32	0.03	
四	小计	8.48	91.18	7.55	0.93
五	其他费用	0.82	8.82	0.77	0.05
六	基本预备费				
七	工程总费用合计	9.3	100	8.32	0.98
	其中：可抵扣增值税金额	0.98			0.98
	其中：施工费	1.27	13.66	1.17	0.1

表 4-3　　　　　　　　　　典型方案 XA1-1 设备检修专业汇总表　　　　　　　　金额单位：元

序号	工程或费用名称	设备检修费		配件购置费	合计
		检修费	未计价材料费		
	设备检修工程	12707	450	71625	84782
一	主变压器系统检修	4328	450	71625	76403
1	主变压器	4328	450	71625	76403
九	调试	8379			8379
	合计	12707	450	71625	84782

表 4-4　　　　　　　　　　典型方案 XA1-1 其他费用估算表　　　　　　　　金额单位：元

序号	工程或费用项目名称	编制依据及计算说明	合价
2	项目管理费		900
2.1	管理经费	（建筑修缮费+设备检修费）×1.24%	163
2.2	招标费	（建筑修缮费+设备检修费）×1.2%	158
2.3	工程监理费	（建筑修缮费+设备检修费）×4.4%	579
3	项目技术服务费		7259
3.1	前期工作费	（建筑修缮费+设备检修费）×2.53%	333
3.2	工程勘察设计费		6401
3.2.2	设计费	设计费×100%	6401

续表

序号	工程或费用项目名称	编制依据及计算说明	合价
3.3	设计文件评审费		467
3.3.1	初步设计文件评审费	设计费×3.5%	224
3.3.2	施工图文件评审费	设计费×3.8%	243
3.4	结算文件审核费	（建筑修缮费＋设备检修费）×0.44%	58
	合计		8159

4.1.4 典型方案电气设备材料表

典型方案 XA1-1 电气设备材料见表 4-5。

表 4-5　　　　　典型方案 XA1-1 电气设备材料表

序号	设备或材料名称	单位	数量	备注
	安装工程			
一	主变压器系统			
1	主变压器			
1.1	变压器本体			
500140412	变压器配件，储油柜	个	1	
500011689	绝缘油，#25	t	0.050	

4.1.5 典型方案工程量表

典型方案 XA1-1 工程量见表 4-6。

表 4-6　　　　　典型方案 XA1-1 工程量表

序号	设备检修工程	单位	数量	备注
一	主变压器系统检修			
1	主变压器			
调 XYD1-236 R×0.88 C×0.88 J×0.88	储油柜检修、拆装储油柜拆装 110kV	台	1	
XYD1-304	绝缘油油过滤　油过滤	t	0.050	
XYS1-583	绝缘油试验　瓶取样	样	3	
XYS1-584	绝缘油试验　注射器取样	样	3	
XYS1-585	绝缘油试验　介质损耗因数测量	样	1	

续表

序号	设备检修工程	单位	数量	备注
XYS1-586	绝缘油试验 体积电阻率测量	样	1	
XYS1-587	绝缘油试验 水溶性酸值试验	样	1	
XYS1-588	绝缘油试验 击穿电压试验	样	1	
XYS1-589	绝缘油试验 酸值试验	样	1	
XYS1-590	绝缘油试验 闭口闪点试验	样	1	
XYS1-591	绝缘油试验 界面张力试验	样	1	
XYS1-593	绝缘油试验 色谱分析试验	样	1	
XYS1-592	绝缘油试验 水分（微水）试验	样	1	
XYS1-594	绝缘油试验 油中含气量分析	样	1	

4.2 XA1-2 更换66kV主变冷却系统

4.2.1 典型方案主要内容

本典型方案为更换1台66kV变压器冷却系统，内容包括风扇拆装，散热器拆装，二次接线拆装，冷却系统调试。

4.2.2 典型方案主要技术条件

典型方案XA1-2主要技术条件见表4-7。

表4-7　　　　　　典型方案XA1-2主要技术条件

方案名称	工程主要技术条件	
更换66kV主变冷却系统	额定电压	66kV
	设备要求	66kV风冷变压器
	电机类型	风扇电机
	额定电压	380V
	频率	50Hz
	转速	不小于750r/min
	工作条件	环境温度-40～50℃

4.2.3 典型方案估算书

估算投资为总投资，编制依据按第3章要求。典型方案XA1-2估算书包括总估算汇总表、设备检修专业汇总表、其他费用估算表，分别见表4-8～表4-10。

表 4-8　　典型方案 XA1-2 总估算汇总表　　金额单位：万元

序号	工程或费用名称	含税金额	占合计总费用的比例（%）	不含税金额	可抵扣增值税金额
一	建筑修缮费				
二	设备检修费	0.78	9.4	0.71	0.07
三	配件购置费	6.83	82.29	6.04	0.79
	其中：编制基准期价差	0.02	0.24	0.02	
四	小计	7.61	91.69	6.75	0.86
五	其他费用	0.69	8.31	0.65	0.04
六	基本预备费				
七	工程总费用合计	8.3	100	7.4	0.9
	其中：可抵扣增值税金额	0.9			0.9
	其中：施工费	0.6	7.23	0.55	0.05

表 4-9　　典型方案 XA1-2 设备检修专业汇总表　　金额单位：元

序号	工程或费用名称	设备检修费		配件购置费	合计
		检修费	未计价材料费		
	设备检修工程	6038	1803	68319	76161
一	主变压器系统检修	2766	1803	68319	72889
1	主变压器	2766	1803	68319	72889
九	调试	3272			3272
	合计	6038	1803	68319	76161

表 4-10　　典型方案 XA1-2 其他费用估算表　　金额单位：元

序号	工程或费用项目名称	编制依据及计算说明	合价
2	项目管理费		536
2.1	管理经费	（建筑修缮费+设备检修费）×1.24%	97
2.2	招标费	（建筑修缮费+设备检修费）×1.2%	94
2.3	工程监理费	（建筑修缮费+设备检修费）×4.4%	345
3	项目技术服务费		6403
3.1	前期工作费	（建筑修缮费+设备检修费）×2.53%	198
3.2	工程勘察设计费		5750

续表

序号	工程或费用项目名称	编制依据及计算说明	合价
3.2.2	设计费	设计费×100%	5750
3.3	设计文件评审费		420
3.3.1	初步设计文件评审费	设计费×3.5%	201
3.3.2	施工图文件评审费	设计费×3.8%	219
3.4	结算文件审核费	（建筑修缮费+设备检修费）×0.44%	35
	合计		6939

4.2.4 典型方案电气设备材料表

典型方案 XA1-2 电气设备材料见表 4-11。

表 4-11　　　　　典型方案 XA1-2 电气设备材料表

序号	设备或材料名称	单位	数量	备注
	安装工程			
一	主变压器系统			
1	主变压器			
1.1	变压器本体			
500140414	变压器配件，风扇	个	4	
500133185	变压器散热器，通用性型号，通用性厂家	个	8	
100000011	66kV 变电站控制电缆	m	30	
500109742	低压电力电缆，VV，铜，6，3芯，ZC，22，普通	m	30	

4.2.5 典型方案工程量表

典型方案 XA1-2 工程量见表 4-12。

表 4-12　　　　　　典型方案 XA1-2 工程量

序号	设备检修工程	单位	数量	备注
一	主变压器系统检修			
1	主变压器			
XYD1-224	冷却系统检修　冷却风机检修拆装 冷却风机拆装	台	4	
	变压器配件，变压器散热器	组	8	
	变压器配件，风扇	台	1	
XYD7-31	电缆拆装　截面（mm²）10	100m	0.600	

续表

序号	设备检修工程	单位	数量	备注
XYD7－90	户外干包式电力电缆终端头拆装 户外干包式电力电缆终端头 1kV 截面（mm²）10	个	2	
XYD7－103	控制电缆终端头制作拆装 14 芯以内	个	2	
调 XYS1－4 R×0.1444 C×0.1444 J×0.1444	三相油浸电力变压器 110kV	台（三相）	1	

4.3 XA1-3 更换 66kV 主变有载分接开关

4.3.1 典型方案主要内容

本典型方案更换 1 台 66kV 变压器有载分接开关，内容包括放、注油，更换分接开关，绝缘油过滤机试验，分接开关调试。

4.3.2 典型方案主要技术条件

典型方案主要技术条件见表 4-13。

表 4-13　　典型方案 XA1-3 主要技术条件

方案名称	工程主要技术条件	
更换 66kV 主变有载分接开关	设备要求	66kV 常规变压器均可
	设备类型	M 型、V 型
	施工条件	设备冲、放油，吊车搬运
	工作条件	环境温度 -40～50℃
	海拔	1000m 以上

4.3.3 典型方案估算书

估算投资为总投资，编制依据按第 3 章要求。典型方案 XA1-3 估算书包括总估算汇总表、设备检修专业汇总表、其他费用估算表，分别见表 4-14～表 4-16。

表 4-14　　典型方案 XA1-3 总估算汇总表　　金额单位：万元

序号	工程或费用名称	含税金额	占合计总费用的比例（%）	不含税金额	可抵扣增值税金额
一	建筑修缮费				
二	设备检修费	2.33	10.48	2.14	0.19
三	配件购置费	18.03	81.07	15.96	2.07
	其中：编制基准期价差	0.07	0.31	0.07	

续表

序号	工程或费用名称	含税金额	占合计总费用的比例（%）	不含税金额	可抵扣增值税金额
四	小计	20.36	91.55	18.1	2.26
五	其他费用	1.88	8.45	1.77	0.11
六	基本预备费				
七	工程总费用合计	22.24	100	19.87	2.37
	其中：可抵扣增值税金额	2.37			2.37
	其中：施工费	2.33	10.48	2.14	0.19

表 4-15　　　　　　　　　典型方案 XA1-3 设备检修专业汇总表　　　　　　　金额单位：元

序号	工程或费用名称	设备检修费		配件购置费	合计
		检修费	未计价材料费		
	设备检修工程	23301		180315	203616
一	主变压器系统检修	8370		180315	188685
1	主变压器	8370		180315	188685
九	调试	14931			14931
	合计	23301		180315	203616

表 4-16　　　　　　　　　典型方案 XA1-3 其他费用估算表　　　　　　　金额单位：元

序号	工程或费用项目名称	编制依据及计算说明	合价
2	项目管理费		1594
2.1	管理经费	（建筑修缮费＋设备检修费）×1.24%	289
2.2	招标费	（建筑修缮费＋设备检修费）×1.2%	280
2.3	工程监理费	（建筑修缮费＋设备检修费）×4.4%	1025
3	项目技术服务费		17187
3.1	前期工作费	（建筑修缮费＋设备检修费）×2.53%	590
3.2	工程勘察设计费		15373
3.2.2	设计费	设计费×100%	15373
3.3	设计文件评审费		1122
3.3.1	初步设计文件评审费	设计费×3.5%	538
3.3.2	施工图文件评审费	设计费×3.8%	584
3.4	结算文件审核费	（建筑修缮费＋设备检修费）×0.44%	103
	合计		18781

4.3.4 典型方案电气设备材料表

典型方案 XA1-3 电气设备材料见表 4-17。

表 4-17 典型方案 XA1-3 电气设备材料表

序号	设备或材料名称	单位	数量	备注
	安装工程			
一	主变压器系统			
1	主变压器			
1.1	变压器本体			
500140432	变压器配件，变压器有载调压分接开关	台	1	

4.3.5 典型方案工程量表

典型方案 XA1-3 工程量见表 4-18。

表 4-18 典型方案 XA1-3 工程量表

序号	设备检修工程	单位	数量	备注
一	主变压器系统检修			
1	主变压器			
调 XYD1-108 R×0.7744 C×0.7744 J×0.7744	分接开关本体检修 110kV 有载分接开关 容量（kVA 以下）63000	台	1	
XYD1-304	绝缘油油过滤 油过滤	t	0.800	
九	调试			
调 XYS1-4 R×0.38 C×0.38 J×0.38	三相油浸电力变压器 110kV	台（三相）	1	
XYS1-583	绝缘油试验 瓶取样	样	2	
XYS1-585	绝缘油试验 介质损耗因数测量	样	1	
XYS1-588	绝缘油试验 击穿电压试验	样	1	
XYS1-592	绝缘油试验 水分（微水）试验	样	2	
XYS1-594	绝缘油试验 油中含气量分析	样	1	
XYS1-590	绝缘油试验 闭口闪点试验	样	2	
XYS1-593	绝缘油试验 色谱分析试验	样	2	

4.4 XA1-4 解体检修 66kV 主变压器

4.4.1 典型方案主要内容

本典型方案为 1 台 66kV 主变压器现场解体检修，内容包括三侧引线拆除，主变压器外观检查和修前试验；放油后，主变吊芯（罩）检查，修理及更换配件（包括继电器、油温计、油位计、吸湿器、压力释放阀、空气开关）并处理油。进行绝缘油取样及试验，变压器调试。

4.4.2 典型方案主要技术条件

典型方案主要技术条件见表 4-19。

表 4-19　　　　　　　　典型方案 XA1-4 主要技术条件

方案名称	工程主要技术条件	
解体检修 66kV 主变压器	设备要求	66kV 常规变压器
	额定电压	66kV
	工作条件	环境温度 -40～50℃
	空气湿度	干燥
	暴露时间	小于 16h

4.4.3 典型方案估算书

估算投资为总投资，编制依据按第 3 章要求。典型方案 XA1-4 估算书包括总估算汇总表、设备检修专业汇总表、其他费用估算表，分别见表 4-20～表 4-22。

表 4-20　　　　　　典型方案 XA1-4 总估算汇总表　　　　　金额单位：万元

序号	工程或费用名称	含税金额	占合计总费用的比例（%）	不含税金额	可抵扣增值税金额
一	建筑修缮费				
二	设备检修费	17.53	59.02	16.01	1.52
三	配件购置费	8.35	28.11	7.59	0.76
	其中：编制基准期价差	0.45	1.52	0.45	
四	小计	25.88	87.14	23.6	2.28
五	其他费用	3.82	12.86	3.6	0.22
六	基本预备费				
七	工程总费用合计	29.7	100	27.2	2.5
	其中：可抵扣增值税金额	2.5			2.5
	其中：施工费	15.25	51.35	13.99	1.26

表 4-21　　　　　　　　典型方案 XA1-4 设备检修专业汇总表　　　　　　金额单位：元

序号	工程或费用名称	设备检修费		配件购置费	合计
		检修费	未计价材料费		
	设备检修工程	152514	22740	83456	258710
一	主变压器系统检修	7433	21150	83456	112039
1	主变压器	7433	21150	83456	112039
七	电缆及接地		1590		1590
1	电线、电缆		1590		1590
九	调试	145081			145081
	合计	152514	22740	83456	258710

表 4-22　　　　　　　　典型方案 XA1-4 其他费用估算表　　　　　　金额单位：元

序号	工程或费用项目名称	编制依据及计算说明	合价
2	项目管理费		11987
2.1	管理经费	（建筑修缮费+设备检修费）×1.24%	2173
2.2	招标费	（建筑修缮费+设备检修费）×1.2%	2103
2.3	工程监理费	（建筑修缮费+设备检修费）×4.4%	7711
3	项目技术服务费		26164
3.1	前期工作费	（建筑修缮费+设备检修费）×2.53%	4434
3.2	工程勘察设计费		19533
3.2.2	设计费	设计费×100%	19533
3.3	设计文件评审费		1426
3.3.1	初步设计文件评审费	设计费×3.5%	684
3.3.2	施工图文件评审费	设计费×3.8%	742
3.4	结算文件审核费	（建筑修缮费+设备检修费）×0.44%	771
	合计		38151

4.4.4　典型方案电气设备材料表

典型方案 XA1-4 电气设备材料见表 2-23。

表 4-23　　　　　　　　典型方案 XA1-4 电气设备材料表

序号	设备或材料名称	单位	数量	备注
	安装工程			
一	主变压器系统			

续表

序号	设备或材料名称	单位	数量	备注
1	主变压器			
1.1	变压器本体			
500011690	绝缘油，#45	t	0.500	
500031027	低压开关，交流空气开关，300A，三相	个	10	
500140446	变压器配件，油流继电器	个	3	
500140428	变压器配件，瓦斯继电器	个	1	
100000011	66kV 变电站控制电缆	km	0.100	
500074391	密封件，密封圈	只	70	
500065330	液压元件，液压压力释放阀	只	2	
500140434	变压器配件，吸湿器	个	1	
500140418	变压器配件，油温计	个	2	
500140421	变压器配件，油位计	个	2	
500141818	继电器，热继电器	个	1	
500141820	继电器，信号继电器	个	1	
500141814	继电器，中间继电器	个	1	
500140324	接地电流表，型号 TMCC-0	台	1	
500011840	普通螺栓，M16，35mm，钢，镀锌，配螺母	个	800	

4.4.5 典型方案工程量表

典型方案 XA1-4 工程量见表 2-24。

表 4-24　　　　　典型方案 XA1-4 工程量表

序号	设备检修工程	单位	数量	备注
一	主变压器系统检修			
1	主变压器			
XYD1-253	保护附件检修、更换　吸湿器拆装	只	1	
XYD1-247	保护附件检修、更换　压力释放阀拆装	只	2	
XYD1-245	保护附件检修、更换　继电器拆装	只	4	
XYD5-48	低压电器设备拆装　空气开关	个	10	
九	调试			
XYS1-583	绝缘油试验　瓶取样	样	12	

续表

序号	设备检修工程	单位	数量	备注
XYS1-584	绝缘油试验 注射器取样	样	10	
XYS1-585	绝缘油试验 介质损耗因数测量	样	5	
XYS1-586	绝缘油试验 体积电阻率测量	样	5	
XYS1-587	绝缘油试验 水溶性酸值试验	样	4	
XYS1-588	绝缘油试验 击穿电压试验	样	5	
XYS1-590	绝缘油试验 闭口闪点试验	样	4	
XYS1-591	绝缘油试验 界面张力试验	样	4	
XYS1-592	绝缘油试验 水分（微水）试验	样	5	
XYS1-593	绝缘油试验 色谱分析试验	样	4	
XYS1-594	绝缘油试验 油中含气量分析	样	6	
XYS1-611	气体继电器	只	2	
XYS1-616	相关温度计校验 热电阻温度计	只	2	
XYS1-614	相关温度计校验 绕组温度计	只	2	
调 XYS1-4 R×0.88 C×0.88 J×0.88	三相油浸电力变压器 110kV	台（三相）	1	
调 XYS1-480 R×0.88	变压器绕组连同套管的交流耐压试验 110kV	台（三相）	1	
调 XYS1-487 R×0.88 C×0.88 J×0.88	变压器绕组连同套管的长时间感应耐压及局部放电试验 110kV	台（三相）	1	
调 XYS1-493 R×0.88 C×0.88 J×0.88	变压器绕组变形试验（频率响应特性）110kV	台（三相）	1	
XYD1-304	绝缘油油过滤 油过滤	t	0.500	

4.5 XA1-5 更换 110kV 主变储油柜

4.5.1 典型方案主要内容

本典型方案为更换 1 台 110kV 变压器储油柜，内容包括放、注油，储油柜拆除、安装，绝缘油过滤，绝缘油试验。

4.5.2 典型方案主要技术条件

典型方案 XA1-5 主要技术条件见表 4-25。

表 4-25　　　　　　　　　　典型方案 XA1-5 主要技术条件

方案名称	工程主要技术条件	
更换 110kV 主变储油柜	额定电压	110kV
	设备要求	波纹式（胶囊式或隔膜式）
	工作条件	环境温度 -25~40℃
	容量要求	整体储油量 × 0.05
	海拔	1000m 以上

4.5.3 典型方案估算书

估算投资为总投资，编制依据按第 3 章要求。典型方案 XA1-5 估算书包括总估算汇总表、设备检修专业汇总表、其他费用估算表，分别见表 4-26~表 4-28。

表 4-26　　　　　　　　典型方案 XA1-5 总估算汇总表　　　　　　　金额单位：万元

序号	工程或费用名称	含税金额	占合计总费用的比例（%）	不含税金额	可抵扣增值税金额
一	建筑修缮费				
二	设备检修费	1.53	12.53	1.4	0.13
三	配件购置费	9.58	78.46	8.48	1.1
	其中：编制基准期价差	0.04	0.33	0.04	
四	小计	11.11	90.99	9.88	1.23
五	其他费用	1.1	9.01	1.04	0.06
六	基本预备费				
七	工程总费用合计	12.21	100	10.92	1.29
	其中：可抵扣增值税金额	1.29			1.29
	其中：施工费	1.53	12.53	1.4	0.13

表 4-27　　　　　　　　典型方案 XA1-5 设备检修专业汇总表　　　　　　金额单位：元

序号	工程或费用名称	设备检修费		配件购置费	合计
		检修费	未计价材料费		
	设备检修工程	15264		95767	111031
一	主变压器系统检修	6777		95767	102544
1	主变压器	6777		95767	102544
九	调试	8487			8487
	合计	15264		95767	111031

表 4-28　　典型方案 XA1-5 其他费用估算表　　金额单位：元

序号	工程或费用项目名称	编制依据及计算说明	合价
2	项目管理费		1044
2.1	管理经费	（建筑修缮费＋设备检修费）×1.24%	189
2.2	招标费	（建筑修缮费＋设备检修费）×1.2%	183
2.3	工程监理费	（建筑修缮费＋设备检修费）×4.4%	672
3	项目技术服务费		9981
3.1	前期工作费	（建筑修缮费＋设备检修费）×2.53%	386
3.2	工程勘察设计费		8383
3.2.2	设计费	设计费×100%	8383
3.3	设计文件评审费		612
3.3.1	初步设计文件评审费	设计费×3.5%	293
3.3.2	施工图文件评审费	设计费×3.8%	319
3.4	结算文件审核费	（建筑修缮费＋设备检修费）×0.44%	600
	合计		11025

4.5.4　典型方案电气设备材料表

典型方案 XA1-5 电气设备材料见表 4-29。

表 4-29　　典型方案 XA1-5 电气设备材料表

序号	设备或材料名称	单位	数量	备注
	安装工程			
一	主变压器系统			
500140412	变压器配件，储油柜（110kV）	个	1	
500011689	绝缘油，#25	t	0.200	

4.5.5　典型方案工程量表

典型方案 XA1-5 工程量见表 4-30。

表 4-30　　典型方案 XA1-5 工程量表

序号	项目名称	单位	数量	备注
	安装工程			
XYD1-236	储油柜检修、拆装　储油柜拆装 110kV	台	1	
XYD1-304	绝缘油过滤	t	1	

续表

序号	项目名称	单位	数量	备注
XYS1-583	绝缘油试验　瓶取样	样	3	
XYS1-584	绝缘油试验　注射器取样	样	3	
XYS1-585	绝缘油试验　介质损耗因数测量	样	1	
XYS1-586	绝缘油试验　体积电阻率测量	样	1	
XYS1-587	绝缘油试验　水溶性酸值试验	样	1	
XYS1-588	绝缘油试验　击穿电压试验	样	1	
XYS1-589	绝缘油试验　酸值试验	样	1	
XYS1-590	绝缘油试验　闭口闪点试验	样	1	
XYS1-591	绝缘油试验　界面张力试验	样	1	
XYS1-592	绝缘油试验　水分（微水）试验	样	1	
XYS1-593	绝缘油试验　色谱分析试验	样	1	
XYS1-594	绝缘油试验　油中含气量分析	样	1	

4.6　XA1-6 更换 110kV 主变冷却系统

4.6.1　典型方案主要内容

本典型方案为更换 1 台 110kV 变压器冷却系统，内容包括风扇拆装；散热器拆装；二次接线拆装，冷却系统调试。

4.6.2　典型方案主要技术条件

典型方案 XA1-6 主要技术条件见表 4-31。

表 4-31　　　　　典型方案 XA1-6 主要技术条件

方案名称	工程主要技术条件	
更换 110kV 主变冷却系统	额定电压	110kV
	设备要求	110kV 风冷变压器
	电机类型	风扇电机
	额定电压	380V
	频率	50Hz
	转速	不小于 750r/min
	工作条件	环境温度 -25～40℃
	海拔	1000m 以上

4.6.3 典型方案估算书

估算投资为总投资,编制依据按第 3 章要求。典型方案 XA1-6 估算书包括总估算汇总表、设备检修专业汇总表、其他费用估算表,分别见表 4-32~表 4-34。

表 4-32   典型方案 XA1-6 总估算汇总表   金额单位:万元

序号	工程或费用名称	含税金额	占合计总费用的比例(%)	不含税金额	可抵扣增值税金额
一	建筑修缮费				
二	设备检修费	3.03	24.24	2.75	0.28
三	配件购置费	8.21	65.68	7.27	0.94
	其中:编制基准期价差	0.06	0.48	0.06	
四	小计	11.24	89.92	10.02	1.22
五	其他费用	1.26	10.08	1.19	0.07
六	基本预备费				
七	工程总费用合计	12.5	100	11.21	1.29
	其中:可抵扣增值税金额	1.29			1.29
	其中:施工费	2.24	17.92	2.05	0.19

表 4-33   典型方案 XA1-6 设备检修专业汇总表   金额单位:元

序号	工程或费用名称	设备检修费		配件购置费	合计
		检修费	未计价材料费		
	设备检修工程	22423	7898	82139	112461
一	主变压器系统检修	4330		82139	86470
1	主变压器	4330		82139	86470
七	电缆及接地	6657	7898		14554
1	电线、电缆	6657	7898		14554
九	调试	11437			11437
	合计	22423	7898	82139	112461

表 4-34   典型方案 XA1-6 其他费用估算表   金额单位:元

序号	工程或费用项目名称	编制依据及计算说明	合价
2	项目管理费		2074
2.1	管理经费	(建筑修缮费+设备检修费)×1.24%	376
2.2	招标费	(建筑修缮费+设备检修费)×1.2%	364

续表

序号	工程或费用项目名称	编制依据及计算说明	合价
2.3	工程监理费	（建筑修缮费+设备检修费）×4.4%	1334
3	项目技术服务费		10478
3.1	前期工作费	（建筑修缮费+设备检修费）×2.53%	767
3.2	工程勘察设计费		8491
3.2.2	设计费	设计费×100%	8491
3.3	设计文件评审费		620
3.3.1	初步设计文件评审费	设计费×3.5%	297
3.3.2	施工图文件评审费	设计费×3.8%	323
3.4	结算文件审核费	（建筑修缮费+设备检修费）×0.44%	600
	合计		12552

4.6.4 典型方案电气设备材料表

典型方案 XA1-6 电气设备材料见表 4-35。

表 4-35　　　　　　　　典型方案 XA1-6 电气设备材料表

序号	设备或材料名称	单位	数量	备注
	安装工程			
一	主变压器系统			
500140414	变压器配件，风扇（110kV）	个	12	
500133185	变压器散热器，通用性型号，通用性厂家（110kV）	个	3	110kV 变压器散热片
100000012	110kV 变电站控制电缆	m	240	
500109742	低压电力电缆，VV，铜，6，3芯，ZC，22，普通	m	240	

4.6.5 典型方案工程量表

典型方案 XA1-6 工程量见表 4-36。

表 4-36　　　　　　　　典型方案 XA1-6 工程量表

序号	项目名称	单位	数量	备注
	安装工程			
XYD1-224	冷却系统检修　冷却风机检修拆装　冷却风机拆装	台	3	
XYD7-31	电缆拆装　截面（mm²）10	m	480	
XYD7-103	控制电缆终端头制作拆装　14芯以内	个	6	

续表

序号	项目名称	单位	数量	备注
XYD7-90	户外干包式电力电缆终端头拆装　户外干包式电力电缆终端头 1kV　截面（mm²）10	个	6	
XYS1-4×0.5	三相油浸电力变压器　110kV	台	1	0.5 调整系数，冷却装置及二次回路试验

4.7　XA1-7 更换 110kV 主变有载分接开关

4.7.1　典型方案主要内容

本典型方案为更换 1 台 110kV 变压器有载分接开关，主要内容包括放、注油，更换分接开关，绝缘油过滤及试验，分接开关调试及试验。

4.7.2　典型方案主要技术条件

典型方案 XA1-7 主要技术条件见表 4-37。

表 4-37　　　　　　典型方案 XA1-7 主要技术条件

方案名称	工程主要技术条件	
更换 110kV 主变有载分接开关	设备要求	110kV 常规变压器均可
	设备类型	M 型、V 型
	施工条件	设备冲、放油，吊车搬运
	工作条件	环境温度-25~40℃
	海拔	1000m 以上

4.7.3　典型方案估算书

估算投资为总投资，编制依据按第 3 章要求。典型方案 XA1-7 估算书包括总估算汇总表、设备检修专业汇总表、其他费用估算表，分别见表 4-38~表 4-40。

表 4-38　　　　　典型方案 XA1-7 总估算汇总表　　　　　金额单位：万元

序号	工程或费用名称	含税金额	占合计总费用的比例（%）	不含税金额	可抵扣增值税金额
一	建筑修缮费				
二	设备检修费	2.79	10.48	2.56	0.23
三	配件购置费	21.54	80.92	19.06	2.48
	其中：编制基准期价差	0.08	0.3	0.08	
四	小计	24.33	91.4	21.62	2.71

续表

序号	工程或费用名称	含税金额	占合计总费用的比例（%）	不含税金额	可抵扣增值税金额
五	其他费用	2.29	8.6	2.16	0.13
六	基本预备费				
七	工程总费用合计	26.62	100	23.78	2.84
	其中：可抵扣增值税金额	2.84			2.84
	其中：施工费	2.79	10.48	2.56	0.23

表4-39　　　　　　　　　典型方案 XA1-7 设备检修专业汇总表　　　　　　　金额单位：元

序号	工程或费用名称	设备检修费		配件购置费	合计
		检修费	未计价材料费		
	设备检修工程	27941		215376	243317
一	主变压器系统检修	10309		215376	225685
1	主变压器	10309		215376	225685
九	调试	17631			17631
	合计	27941		215376	243317

表4-40　　　　　　　　　典型方案 XA1-7 其他费用估算表　　　　　　　金额单位：元

序号	工程或费用项目名称	编制依据及计算说明	合价
2	项目管理费		1911
2.1	管理经费	（建筑修缮费+设备检修费）×1.24%	346
2.2	招标费	（建筑修缮费+设备检修费）×1.2%	335
2.3	工程监理费	（建筑修缮费+设备检修费）×4.4%	1229
3	项目技术服务费		21018
3.1	前期工作费	（建筑修缮费+设备检修费）×2.53%	707
3.2	工程勘察设计费		18370
3.2.2	设计费	设计费×100%	18370
3.3	设计文件评审费		1341
3.3.1	初步设计文件评审费	设计费×3.5%	643
3.3.2	施工图文件评审费	设计费×3.8%	698
3.4	结算文件审核费	（建筑修缮费+设备检修费）×0.44%	600
	合计		22930

4.7.4 典型方案电气设备材料表

典型方案 XA1-7 电气设备材料见表 4-41。

表 4-41　　　　　　　　典型方案 XA1-7 电气设备材料表

序号	设备或材料名称	单位	数量	备注
	安装工程			
一	主变压器系统			
500140432	变压器配件，变压器有载调压分接开关（110kV）	个	1	110kV 主变有载分接开关

4.7.5 典型方案工程量表

典型方案 XA1-7 工程量见表 4-42。

表 4-42　　　　　　　　典型方案 XA1-7 工程量表

序号	项目名称	单位	数量	备注
	安装工程			
XYD1-108	分接开关本体解体检修 110kV 有载分接开关 容量（kVA 以下）63000	台	1	
XYS1-4×0.5	三相油浸电力变压器 110kV	台	1	0.5 调整系数，有载分接开关试验及检查
XYD1-304	绝缘油油过滤　油过滤	t	0.800	
XYS1-583	绝缘油试验　瓶取样	样	2	
XYS1-585	绝缘油试验　介质损耗因数测量	样	1	
XYS1-588	绝缘油试验　击穿电压试验	样	1	
XYS1-592	绝缘油试验　水分（微水）试验	样	2	
XYS1-594	绝缘油试验　油中含气量分析	样	1	
XYS1-590	闭口闪点试验	样	2	
XYS1-593	色谱分析试验	样	2	

4.8　XA1-8 解体检修 110kV 主变压器

4.8.1 典型方案主要内容

本典型方案为 1 台 110kV 主变压器现场解体检修，内容包括三侧引线拆除，主变外观检查和修前试验；放油后，主变吊芯（罩）检查，修理及更换配件（包括继电器、油温计、油位计、吸湿器、压力释放阀、空气开关）并处理油。进行绝缘油取样及试验，变压器调试。

4.8.2 典型方案主要技术条件

典型方案 XA1-8 主要技术条件见表 4-43。

表 4-43　　　　　　　　　　典型方案 XA1-8 主要技术条件

方案名称	工程主要技术条件	
解体检修 110kV 主变压器	设备要求	110kV 常规变压器
	额定电压	110kV
	工作条件	环境温度 -25~40℃
	空气湿度	干燥
	暴露时间	小于 16h

4.8.3 典型方案估算书

估算投资为总投资，编制依据按第 3 章要求。典型方案 XA1-8 估算书包括总估算汇总表、设备检修专业汇总表、其他费用估算表，分别见表 4-44~表 4-46。

表 4-44　　　　　　　典型方案 XA1-8 总估算汇总表　　　　　　　金额单位：万元

序号	工程或费用名称	含税金额	占合计总费用的比例（%）	不含税金额	可抵扣增值税金额
一	建筑修缮费				
二	设备检修费	17.71	51.02	16.24	1.47
三	配件购置费	12.79	36.85	11.32	1.47
	其中：编制基准期价差	0.52	1.5	0.52	
四	小计	30.5	87.87	27.56	2.94
五	其他费用	4.21	12.13	3.97	0.24
六	基本预备费				
七	工程总费用合计	34.71	100	31.53	3.18
	其中：可抵扣增值税金额	3.18			3.18
	其中：施工费	17.53	50.5	16.08	1.45

表 4-45　　　　　　典型方案 XA1-8 设备检修专业汇总表　　　　　　金额单位：元

序号	工程或费用名称	设备检修费		配件购置费	合计
		检修费	未计价材料费		
	设备检修工程	175307	1779	127902	304989
一	主变压器系统检修	87053		127902	214956
1	主变压器	87053		127902	214956

续表

序号	工程或费用名称	设备检修费		配件购置费	合计
		检修费	未计价材料费		
七	电缆及接地		1779		1779
1	电线、电缆		1779		1779
九	调试	88254			88254
	合计	175307	1779	127902	304989

表 4-46　　典型方案 XA1-8 其他费用估算表　　金额单位：元

序号	工程或费用项目名称	编制依据及计算说明	合价
2	项目管理费		12113
2.1	管理经费	（建筑修缮费+设备检修费）×1.24%	2196
2.2	招标费	（建筑修缮费+设备检修费）×1.2%	2125
2.3	工程监理费	（建筑修缮费+设备检修费）×4.4%	7792
3	项目技术服务费		29967
3.1	前期工作费	（建筑修缮费+设备检修费）×2.53%	4480
3.2	工程勘察设计费		23027
3.2.2	设计费	设计费×100%	23027
3.3	设计文件评审费		1681
3.3.1	初步设计文件评审费	设计费×3.5%	806
3.3.2	施工图文件评审费	设计费×3.8%	875
3.4	结算文件审核费	（建筑修缮费+设备检修费）×0.44%	779
	合计		42080

4.8.4　典型方案电气设备材料表

典型方案 XA1-8 电气设备材料见表 4-47。

表 4-47　　典型方案 XA1-8 电气设备材料表

序号	设备或材料名称	单位	数量	备注
	安装工程			
一	主变压器系统			
500011689	绝缘油，#25	t	2	
500031027	低压开关，交流空气开关，300A，三相（110kV）	个	10	
500140446	变压器配件，油流继电器	个	3	

续表

序号	设备或材料名称	单位	数量	备注
500140428	变压器配件，瓦斯继电器	个	1	
100000012	110kV 变电站控制电缆	km	0.100	
500074391	密封件，密封圈	只	70	
500065330	液压元件，液压压力释放阀	只	2	
500140434	变压器配件，吸湿器	个	1	
500140418	变压器配件，油温计	个	2	
500140421	变压器配件，油位计	个	2	

4.8.5 典型方案工程量表

典型方案 XA1-8 工程量见表 4-48。

表 4-48　　　　　　典型方案 XA1-8 工程量表

序号	项目名称	单位	数量	备注
	安装工程			
XYD1-71	变压器解体检修 110kV 变压器 容量（kVA 以下）63000	台	1	
XYD1-304	油过滤	t	20	
XYS1-583	绝缘油试验 瓶取样	样	12	
XYS1-584	绝缘油试验 注射器取样	样	10	
XYS1-585	绝缘油试验 介质损耗因数测量	样	5	
XYS1-586	绝缘油试验 体积电阻率测量	样	5	
XYS1-587	绝缘油试验 水溶性酸值试验	样	4	
XYS1-588	绝缘油试验 击穿电压试验	样	5	
XYS1-590	绝缘油试验 闭口闪点试验	样	4	
XYS1-591	绝缘油试验 界面张力试验	样	4	
XYS1-592	绝缘油试验 水分（微水）试验	样	5	
XYS1-593	绝缘油试验 色谱分析试验	样	4	
XYS1-594	绝缘油试验 油中含气量分析	样	6	
XYS1-611	气体继电器	只	4	
XYS1-616	相关温度计校验 热电阻温度计	只	2	
XYS1-614	相关温度计校验 绕组温度计	只	2	
XYS1-4	三相油浸电力变压器 110kV	台	1	

4.9 XA1-9 更换 220kV 主变储油柜

4.9.1 典型方案主要内容

本典型方案为更换 1 台 220kV 变压器储油柜，内容包括放、注油，储油柜拆除、安装，绝缘油过滤，绝缘油试验。

4.9.2 典型方案主要技术条件

典型方案 XA1-9 主要技术条件见表 4-49。

表 4-49　　　　　典型方案 XA1-9 主要技术条件

方案名称	工程主要技术条件	
更换 220kV 主变储油柜	额定电压	220kV
	设备要求	波纹式（胶囊式或隔膜式）
	工作条件	环境温度 -25～40℃
	容量要求	整体储油量×0.05
	海拔	1000m 以上

4.9.3 典型方案估算书

估算投资为总投资，编制依据按第 3 章要求。典型方案 XA1-9 估算书包括总估算汇总表、设备检修专业汇总表、其他费用估算表，分别见表 4-50～表 4-52。

表 4-50　　　　典型方案 XA1-9 总估算汇总表　　　　金额单位：万元

序号	工程或费用名称	含税金额	占合计总费用的比例（%）	不含税金额	可抵扣增值税金额
一	建筑修缮费				
二	设备检修费	1.95	9.96	1.79	0.16
三	配件购置费	15.93	81.4	14.1	1.83
	其中：编制基准期价差	0.06	0.31	0.06	
四	小计	17.88	91.36	15.89	1.99
五	其他费用	1.69	8.64	1.59	0.1
六	基本预备费				
七	工程总费用合计	19.57	100	17.48	2.09
	其中：可抵扣增值税金额	2.09			2.09
	其中：施工费	1.95	9.96	1.79	0.16

表 4-51　　　　　　典型方案 XA1-9 设备检修专业汇总表　　　　　金额单位：元

序号	工程或费用名称	设备检修费		配件购置费	合计
		检修费	未计价材料费		
	设备检修工程	19474		159278	178752
一	主变压器系统检修	11453		159278	170732
1	主变压器	11453		159278	170732
九	调试	8020			8020
	合计	19474		159278	178752

表 4-52　　　　　　典型方案 XA1-9 其他费用估算表　　　　　　金额单位：元

序号	工程或费用项目名称	编制依据及计算说明	合价
2	项目管理费		1332
2.1	管理经费	（建筑修缮费+设备检修费）×1.24%	241
2.2	招标费	（建筑修缮费+设备检修费）×1.2%	234
2.3	工程监理费	（建筑修缮费+设备检修费）×4.4%	857
3	项目技术服务费		15574
3.1	前期工作费	（建筑修缮费+设备检修费）×2.53%	493
3.2	工程勘察设计费		13496
3.2.2	设计费	设计费×100%	13496
3.3	设计文件评审费		985
3.3.1	初步设计文件评审费	设计费×3.5%	472
3.3.2	施工图文件评审费	设计费×3.8%	513
3.4	结算文件审核费	（建筑修缮费+设备检修费）×0.44%	600
	合计		16906

4.9.4 典型方案电气设备材料表

典型方案 XA1-9 电气设备材料见表 4-53。

表 4-53　　　　　　典型方案 XA1-9 电气设备材料表

序号	设备或材料名称	单位	数量	备注
	安装工程			
一	主变压器系统			
500140412	变压器配件，储油柜（220kV）	个	1	
500011689	绝缘油，#25	t	0.500	

4.9.5 典型方案工程量表

典型方案 XA1-9 工程量见表 4-54。

表 4-54　　　　　　　典型方案 XA1-9 工程量表

序号	项目名称	单位	数量	备注
	安装工程			
XYD1-237	储油柜检修、拆装　储油柜拆装 220kV	台	1	
XYD1-304	绝缘油过滤	t	3	
XYS1-583	绝缘油试验　瓶取样	样	3	
XYS1-584	绝缘油试验　注射器取样	样	3	
XYS1-585	绝缘油试验　介质损耗因数测量	样	1	
XYS1-586	绝缘油试验　体积电阻率测量	样	1	
XYS1-587	绝缘油试验　水溶性酸值试验	样	1	
XYS1-588	绝缘油试验　击穿电压试验	样	1	
XYS1-590	绝缘油试验　闭口闪点试验	样	1	
XYS1-591	绝缘油试验　界面张力试验	样	1	
XYS1-592	绝缘油试验　水分（微水）试验	样	1	
XYS1-593	绝缘油试验　色谱分析试验	样	1	
XYS1-594	绝缘油试验　油中含气量分析	样	1	

4.10　XA1-10 更换 220kV 主变冷却系统

4.10.1　典型方案主要内容

本典型方案为更换 1 台 220kV 变压器（三相变压器）冷却系统，内容包括风扇拆装；散热器拆装；二次接线拆装，冷却系统调试。

4.10.2　典型方案主要技术条件

典型方案 XA1-10 主要技术条件见表 4-55。

表 4-55　　　　　　　典型方案 XA1-10 主要技术条件

方案名称	工程主要技术条件	
更换 220kV 主变冷却系统	额定电压	220kV
	设备要求	220kV 风冷变压器
	电机类型	风扇电机
	额定电压	380V

续表

方案名称	工程主要技术条件	
更换220kV主变冷却系统	频率	50Hz
	转速	不小于750r/min
	工作条件	环境温度-25～40℃
	海拔	1000m以上

4.10.3 典型方案估算书

估算投资为总投资，编制依据按第3章要求。典型方案 XA1-10 估算书包括总估算汇总表、设备检修专业汇总表、其他费用估算表，分别见表 4-56～表 4-58。

表 4-56　　　　　　　　典型方案 XA1-10 总估算汇总表　　　　　　　金额单位：万元

序号	工程或费用名称	含税金额	占合计总费用的比例（%）	不含税金额	可抵扣增值税金额
一	建筑修缮费				
二	设备检修费	3.52	15.51	3.2	0.32
三	配件购置费	17.11	75.41	15.14	1.97
	其中：编制基准期价差	0.07	0.31	0.07	
四	小计	20.63	90.92	18.34	2.29
五	其他费用	2.06	9.08	1.94	0.12
六	基本预备费				
七	工程总费用合计	22.69	100	20.28	2.41
	其中：可抵扣增值税金额	2.41			2.41
	其中：施工费	2.53	11.15	2.32	0.21

表 4-57　　　　　　　典型方案 XA1-10 设备检修专业汇总表　　　　　　金额单位：元

序号	工程或费用名称	设备检修费		配件购置费	合计
		检修费	未计价材料费		
	设备检修工程	25297	9872	171099	206269
一	主变压器系统检修	1451		171099	172550
1	主变压器	1451		171099	172550
七	电缆及接地	7710	9872		17583
1	电线、电缆	7710	9872		17583
九	调试	16136			16136
	合计	25297	9872	171099	206269

表 4-58　　　　　　　　典型方案 XA1-10 其他费用估算表　　　　　　　金额单位：元

序号	工程或费用项目名称	编制依据及计算说明	合价
2	项目管理费		2406
2.1	管理经费	（建筑修缮费+设备检修费）×1.24%	436
2.2	招标费	（建筑修缮费+设备检修费）×1.2%	422
2.3	工程监理费	（建筑修缮费+设备检修费）×4.4%	1547
3	项目技术服务费		18200
3.1	前期工作费	（建筑修缮费+设备检修费）×2.53%	890
3.2	工程勘察设计费		15573
3.2.2	设计费	设计费×100%	15573
3.3	设计文件评审费		1137
3.3.1	初步设计文件评审费	设计费×3.5%	545
3.3.2	施工图文件评审费	设计费×3.8%	592
3.4	结算文件审核费	（建筑修缮费+设备检修费）×0.44%	600
	合计		20606

4.10.4　典型方案电气设备材料表

典型方案 XA1-10 电气设备材料见表 4-59。

表 4-59　　　　　　　　典型方案 XA1-10 电气设备材料表

序号	设备或材料名称	单位	数量	备注
	安装工程			
一	主变压器系统			
500140414	变压器配件，风扇（220kV）	个	15	
500133185	变压器散热器，通用性型号，通用性厂家（220kV）	个	3	
500136196	PLC 模块，通用性型号，通用性厂家（220kV）	个	1	
100000013	220kV 变电站控制电缆	km	0.300	
500109742	低压电力电缆，VV，铜，6，3芯，ZC，22，普通	m	300	

4.10.5　典型方案工程量表

典型方案 XA1-10 工程量见表 4-60。

表 4-60　　　　　　　　典型方案 XA1-10 工程量表

序号	项目名称	单位	数量	备注
	安装工程			

续表

序号	项目名称	单位	数量	备注
XYD1-224	冷却系统检修 冷却风机检修拆装 冷却风机拆装	台	3	
XYD7-31	电缆拆装 截面（mm²）10	m	600	
XYD7-103	控制电缆终端头制作拆装 14芯以内	个	6	
XYD7-90	户外干包式电力电缆终端头拆装 户外干包式电力电缆终端头 1kV 截面（mm²）10	个	6	
XYS1-5×0.5	三相油浸电力变压器 220kV	台	1	0.5调整系数，冷却装置及二次回路试验

4.11 XA1-11 更换220kV主变有载分接开关

4.11.1 典型方案主要内容

本典型方案为更换1台220kV变压器（三相变压器）有载分接开关，内容包括放、注油，更换分接开关，绝缘油过滤及试验，分接开关调试及试验。

4.11.2 典型方案主要技术条件

典型方案 XA1-11 主要技术条件见表 4-61。

表 4-61　　　　　典型方案 XA1-11 主要技术条件

方案名称	工程主要技术条件	
更换220kV主变有载分接开关	设备要求	220kV常规变压器均可
	设备类型	M型、V型
	施工条件	设备冲、放油，吊车搬运
	工作条件	环境温度-25～40℃
	海拔	1000m以上

4.11.3 典型方案估算书

估算投资为总投资，编制依据按第3章要求。典型方案 XA1-11 估算书包括总估算汇总表、设备检修专业汇总表、其他费用估算表，分别见表 4-62～表 4-64。

表 4-62　　　　　典型方案 XA1-11 总估算汇总表　　　　　金额单位：万元

序号	工程或费用名称	含税金额	占合计总费用的比例（%）	不含税金额	可抵扣增值税金额
一	建筑修缮费				
二	设备检修费	4.85	9.88	4.45	0.4

续表

序号	工程或费用名称	含税金额	占合计总费用的比例（%）	不含税金额	可抵扣增值税金额
三	配件购置费	40.07	81.66	35.46	4.61
	其中：编制基准期价差	0.14	0.29	0.14	
四	小计	44.92	91.54	39.91	5.01
五	其他费用	4.15	8.46	3.91	0.24
六	基本预备费				
七	工程总费用合计	49.07	100	43.82	5.25
	其中：可抵扣增值税金额	5.25			5.25
	其中：施工费	4.85	9.88	4.45	0.4

表4-63　　　　　　典型方案 XA1-11 设备检修专业汇总表　　　　　　金额单位：元

序号	工程或费用名称	设备检修费		配件购置费	合计
		检修费	未计价材料费		
	设备检修工程	48501		400700	449201
一	主变压器系统检修	26153		400700	426853
1	主变压器	26153		400700	426853
九	调试	22348			22348
	合计	48501		400700	449201

表4-64　　　　　　典型方案 XA1-11 其他费用估算表　　　　　　金额单位：元

序号	工程或费用项目名称	编制依据及计算说明	合价
2	项目管理费		3317
2.1	管理经费	（建筑修缮费+设备检修费）×1.24%	601
2.2	招标费	（建筑修缮费+设备检修费）×1.2%	582
2.3	工程监理费	（建筑修缮费+设备检修费）×4.4%	2134
3	项目技术服务费		38218
3.1	前期工作费	（建筑修缮费+设备检修费）×2.53%	1227
3.2	工程勘察设计费		33915
3.2.2	设计费	设计费×100%	33915
3.3	设计文件评审费		2476
3.3.1	初步设计文件评审费	设计费×3.5%	1187
3.3.2	施工图文件评审费	设计费×3.8%	1289
3.4	结算文件审核费	（建筑修缮费+设备检修费）×0.44%	600
	合计		41535

4.11.4 典型方案电气设备材料表

典型方案 XA1-11 电气设备材料见表 4-65。

表 4-65　　　　　　　　　典型方案 XA1-11 电气设备材料表

序号	设备或材料名称	单位	数量	备注
	安装工程			
一	主变压器系统			
500140432	变压器配件，变压器有载调压分接开关（220kV）	个	1	220kV 主变有载分接开关

4.11.5 典型方案工程量表

典型方案 XA1-11 工程量见表 4-66。

表 4-66　　　　　　　　　典型方案 XA1-11 工程量表

序号	项目名称	单位	数量	备注
	安装工程			
XYD1-115	分接开关本体解体检修 220kV 有载分接开关　容量（kVA 以下）180000	台	1	
XYS1-5×0.5	三相油浸电力变压器 220kV	台	1	0.5 调整系数，有载分接开关试验及检查
XYD1-304	绝缘油油过滤　油过滤	t	1	
XYS1-583	绝缘油试验　瓶取样	样	2	
XYS1-585	绝缘油试验　介质损耗因数测量	样	1	
XYS1-588	绝缘油试验　击穿电压试验	样	1	
XYS1-592	绝缘油试验　水分（微水）试验	样	2	
XYS1-594	绝缘油试验　油中含气量分析	样	1	
XYS1-590	闭口闪点试验	样	2	
XYS1-593	色谱分析试验	样	2	

4.12　XA1-12 解体检修 220kV 主变压器

4.12.1 典型方案主要内容

本典型方案为 1 台 220kV 主变压器（三相变压器）现场解体检修，内容包括三侧引线拆除，主变外观检查和修前试验；放油后，主变吊芯（罩）检查，修理及更换配件（包括继电器、油温计、油位计、吸湿器、压力释放阀、空气开关）并处理油。进行绝缘油取样及试验，变压器调试。

4.12.2 典型方案主要技术条件

典型方案 XA1-12 主要技术条件见表 4-67。

表 4-67　　　　　　　典型方案 XA1-12 主要技术条件

方案名称	工程主要技术条件	
解体检修 220kV 主变压器	设备要求	220kV 常规变压器
	额定电压	220kV
	工作条件	环境温度 −25～40℃
	空气湿度	干燥
	暴露时间	小于 16h

4.12.3 典型方案估算书

估算投资为总投资，编制依据按第 3 章要求。典型方案 XA1-12 估算书包括总估算汇总表、设备检修专业汇总表、其他费用估算表，分别见表 4-68～表 4-70。

表 4-68　　　　　典型方案 XA1-12 总估算汇总表　　　　　金额单位：万元

序号	工程或费用名称	含税金额	占合计总费用的比例（%）	不含税金额	可抵扣增值税金额
一	建筑修缮费				
二	设备检修费	32.97	50	30.24	2.73
三	配件购置费	25.04	37.97	22.16	2.88
	其中：编制基准期价差	1.13	1.71	1.13	
四	小计	58.01	87.97	52.4	5.61
五	其他费用	7.93	12.03	7.48	0.45
六	基本预备费				
七	工程总费用合计	65.94	100	59.88	6.06
	其中：可抵扣增值税金额	6.06			6.06
	其中：施工费	32.62	49.47	29.93	2.69

表 4-69　　　　　典型方案 XA1-12 设备检修专业汇总表　　　　　金额单位：元

序号	工程或费用名称	设备检修费		配件购置费	合计
		检修费	未计价材料费		
	设备检修工程	326150	3559	250447	580156

续表

序号	工程或费用名称	设备检修费		配件购置费	合计
		检修费	未计价材料费		
一	主变压器系统检修	211564		250447	462011
1	主变压器	211564		250447	462011
七	电缆及接地		3559		3559
1	电线、电缆		3559		3559
九	调试	114586			114586
	合计	326150	3559	250447	580156

表 4-70　　　　　　　　典型方案 XA1-12 其他费用估算表　　　　　　　　金额单位：元

序号	工程或费用项目名称	编制依据及计算说明	合价
2	项目管理费		22552
2.1	管理经费	（建筑修缮费+设备检修费）×1.24%	4088
2.2	招标费	（建筑修缮费+设备检修费）×1.2%	3957
2.3	工程监理费	（建筑修缮费+设备检修费）×4.4%	14507
3	项目技术服务费		56792
3.1	前期工作费	（建筑修缮费+设备检修费）×2.53%	8342
3.2	工程勘察设计费		43802
3.2.2	设计费	设计费×100%	43802
3.3	设计文件评审费		3198
3.3.1	初步设计文件评审费	设计费×3.5%	1533
3.3.2	施工图文件评审费	设计费×3.8%	1664
3.4	结算文件审核费	（建筑修缮费+设备检修费）×0.44%	1451
	合计		79344

4.12.4　典型方案电气设备材料表

典型方案 XA1-12 电气设备材料见表 4-71。

表 4-71　　　　　　　　典型方案 XA1-12 电气设备材料表

序号	设备或材料名称	单位	数量	备注
	安装工程			
一	主变压器系统			
500011689	绝缘油，#25	t	5	

续表

序号	设备或材料名称	单位	数量	备注
500031027	低压开关，交流空气开关，300A，三相（220kV）	个	15	
500140446	变压器配件，油流继电器	个	3	
500140428	变压器配件，瓦斯继电器	个	1	
100000013	220kV变电站控制电缆	km	0.200	
500074391	密封件，密封圈	只	90	
500065330	液压元件，液压压力释放阀	只	2	
500140434	变压器配件，吸湿器	个	1	
500140418	变压器配件，油温计	个	3	2油温、1绕温
500140421	变压器配件，油位计	个	2	

4.12.5 典型方案工程量表

典型方案 XA1-12 工程量见表 4-72。

表 4-72　　典型方案 XA1-12 工程量表

序号	项目名称	单位	数量	备注
	安装工程			
XYD1-79	变压器解体检修 220kV 变压器 容量（kVA以下）180000	台	1	
XYD1-304	油过滤	t	56	
XYS1-583	绝缘油试验 瓶取样	样	13	
XYS1-584	绝缘油试验 注射器取样	样	11	
XYS1-585	绝缘油试验 介质损耗因数测量	样	6	
XYS1-586	绝缘油试验 体积电阻率测量	样	6	
XYS1-587	绝缘油试验 水溶性酸值试验	样	6	
XYS1-588	绝缘油试验 击穿电压试验	样	7	
XYS1-590	绝缘油试验 闭口闪点试验	样	6	
XYS1-591	绝缘油试验 界面张力试验	样	6	
XYS1-592	绝缘油试验 水分（微水）试验	样	7	
XYS1-593	绝缘油试验 色谱分析试验	样	5	
XYS1-594	绝缘油试验 油中含气量分析	样	6	
XYS1-611	气体继电器	只	4	
XYS1-616	相关温度计校验 热电阻温度计	只	3	
XYS1-614	相关温度计校验 绕组温度计	只	2	
XYS1-5	三相油浸电力变压器 220kV	台	1	

4.13 XA1-13 更换500kV主变（单相）储油柜

4.13.1 典型方案主要内容

本典型方案为更换1台500kV变压器（单相）储油柜，内容包括放、注油，储油柜拆除、安装，绝缘油过滤，绝缘油试验。

4.13.2 典型方案主要技术条件

典型方案XA1-13主要技术条件见表4-73。

表4-73　　　　　　　　典型方案XA1-13主要技术条件

方案名称	工程主要技术条件	
更换500kV主变（单相）储油柜	额定电压	500kV
	设备要求	波纹式（胶囊式或隔膜式）
	工作条件	环境温度-25~40℃
	容量要求	整体储油量×0.05
	海拔	1000m以上

4.13.3 典型方案估算书

估算投资为总投资，编制依据按第3章要求。典型方案XA1-13估算书包括总估算汇总表、设备检修专业汇总表、其他费用估算表，分别见表4-74~表4-76。

表4-74　　　　　　　　典型方案XA1-13总估算汇总表　　　　　　金额单位：万元

序号	工程或费用名称	含税金额	占合计总费用的比例（%）	不含税金额	可抵扣增值税金额
一	建筑修缮费				
二	设备检修费	2.49	11.1	2.28	0.21
三	配件购置费	17.99	80.21	15.92	2.07
	其中：编制基准期价差	0.07	0.31	0.07	
四	小计	20.48	91.31	18.2	2.28
五	其他费用	1.95	8.69	1.84	0.11
六	基本预备费				
七	工程总费用合计	22.43	100	20.04	2.39
	其中：可抵扣增值税金额	2.39			2.39
	其中：施工费	2.49	11.1	2.28	0.21

表 4-75　　　　　典型方案 XA1-13 设备检修专业汇总表　　　　金额单位：元

序号	工程或费用名称	设备检修费		配件购置费	合计
		检修费	未计价材料费		
	设备检修工程	24891		179914	204805
一	主变压器系统检修	16899		179914	196814
1	主变压器	16899		179914	196814
九	调试	7991			7991
	合计	24891		179914	204805

表 4-76　　　　　典型方案 XA1-13 其他费用估算表　　　　金额单位：元

序号	工程或费用项目名称	编制依据及计算说明	合价
2	项目管理费		1703
2.1	管理经费	（建筑修缮费＋设备检修费）×1.24%	309
2.2	招标费	（建筑修缮费＋设备检修费）×1.2%	299
2.3	工程监理费	（建筑修缮费＋设备检修费）×4.4%	1095
3	项目技术服务费		17821
3.1	前期工作费	（建筑修缮费＋设备检修费）×2.53%	630
3.2	工程勘察设计费		15463
3.2.2	设计费	设计费×100%	15463
3.3	设计文件评审费		1129
3.3.1	初步设计文件评审费	设计费×3.5%	541
3.3.2	施工图文件评审费	设计费×3.8%	588
3.4	结算文件审核费	（建筑修缮费＋设备检修费）×0.44%	600
	合计		19524

4.13.4　典型方案电气设备材料表

典型方案 XA1-13 电气设备材料见表 4-77。

表 4-77　　　　　典型方案 XA1-13 电气设备材料表

序号	设备或材料名称	单位	数量	备注
	安装工程			
一	主变压器系统			
500140412	变压器配件，储油柜（500kV）	个	1	
500011689	绝缘油，#25	t	0.700	

4.13.5 典型方案工程量表

典型方案 XA1-13 工程量见表 4-78。

表 4-78　　　　　　　　典型方案 XA1-13 工程量表

序号	项目名称	单位	数量	备注
	安装工程			
XYD1-239	储油柜检修、拆装　储油柜拆装 500kV	台	1	
XYD1-304	绝缘油过滤	t	5	
XYS1-583	绝缘油试验　瓶取样	样	3	
XYS1-584	绝缘油试验　注射器取样	样	3	
XYS1-585	绝缘油试验　介质损耗因数测量	样	1	
XYS1-586	绝缘油试验　体积电阻率测量	样	1	
XYS1-587	绝缘油试验　水溶性酸值试验	样	1	
XYS1-588	绝缘油试验　击穿电压试验	样	1	
XYS1-590	绝缘油试验　闭口闪点试验	样	1	
XYS1-591	绝缘油试验　界面张力试验	样	1	
XYS1-592	绝缘油试验　水分（微水）试验	样	1	
XYS1-593	绝缘油试验　色谱分析试验	样	1	
XYS1-594	绝缘油试验　油中含气量分析	样	1	

4.14　XA1-14 更换 500kV 主变（单相）冷却系统

4.14.1　典型方案主要内容

本典型方案为更换 1 台 500kV 变压器（单相）冷却系统，内容包括风扇拆装；散热器拆装；二次接线拆装，冷却系统调试。

4.14.2　典型方案主要技术条件

典型方案 XA1-14 主要技术条件见表 4-79。

表 4-79　　　　　　　　典型方案 XA1-14 主要技术条件

方案名称	工程主要技术条件	
更换 500kV 主变（单相）冷却系统	额定电压	500kV
	设备要求	500kV 风冷变压器
	电机类型	风扇电机
	额定电压	380V

续表

方案名称	工程主要技术条件	
更换500kV主变（单相）冷却系统	频率	50Hz
	转速	不小于750r/min
	工作条件	环境温度−25～40℃
	海拔	1000m以上

4.14.3 典型方案估算书

估算投资为总投资，编制依据按第3章要求。典型方案XA1−14估算书包括总估算汇总表、设备检修专业汇总表、其他费用估算表，分别见表4−80～表4−83。

表4−80　　　　　典型方案XA1−14总估算汇总表　　　　　金额单位：万元

序号	工程或费用名称	含税金额	占合计总费用的比例（%）	不含税金额	可抵扣增值税金额
一	建筑修缮费				
二	设备检修费	4.19	8.4	3.81	0.38
三	配件购置费	41.82	83.87	37.01	4.81
	其中：编制基准期价差	0.08	0.16	0.08	
四	小计	46.01	92.28	40.82	5.19
五	其他费用	3.85	7.72	3.63	0.22
六	基本预备费				
七	工程总费用合计	49.86	100	44.45	5.41
	其中：可抵扣增值税金额	5.41			5.41
	其中：施工费	3.05	6.12	2.8	0.25

表4−81　　　　　典型方案XA1−14设备检修专业汇总表　　　　　金额单位：元

序号	工程或费用名称	设备检修费		配件购置费	合计
		检修费	未计价材料费		
	设备检修工程	30457	11479	418208	460144
一	主变压器系统检修	7195		418208	425403
1	主变压器	7195		418208	425403
七	电缆及接地	10389	11479		21868
1	电线、电缆	10389	11479		21868
九	调试	12873			12873
	合计	30457	11479	418208	460144

表 4-82　　　　　典型方案 XA1-14 其他费用估算表　　　　　金额单位：元

序号	工程或费用项目名称	编制依据及计算说明	合价
2	项目管理费		2868
2.1	管理经费	（建筑修缮费+设备检修费）×1.24%	520
2.2	招标费	（建筑修缮费+设备检修费）×1.2%	503
2.3	工程监理费	（建筑修缮费+设备检修费）×4.4%	1845
3	项目技术服务费		35634
3.1	前期工作费	（建筑修缮费+设备检修费）×2.53%	1061
3.2	工程勘察设计费		31662
3.2.2	设计费	设计费×100%	31662
3.3	设计文件评审费		2311
3.3.1	初步设计文件评审费	设计费×3.5%	1108
3.3.2	施工图文件评审费	设计费×3.8%	1203
3.4	结算文件审核费	（建筑修缮费+设备检修费）×0.44%	600
	合计		38502

4.14.4　典型方案电气设备材料表

典型方案 XA1-14 电气设备材料见表 4-83。

表 4-83　　　　　典型方案 XA1-14 电气设备材料表

序号	设备或材料名称	单位	数量	备注
	安装工程			
一	主变压器系统			
500140414	变压器配件，风扇（500kV）	个	15	
500133185	变压器散热器，通用性型号，通用性厂家（500kV）	个	5	
500136196	PLC 模块，通用性型号，通用性厂家（500kV）	个	1	
100000015	500kV 变电站控制电缆	km	0.36	
500109742	低压电力电缆，VV，铜，6，3芯，ZC，22，普通	m	360	

4.14.5　典型方案工程量表

典型方案 XA1-14 工程量见表 4-84。

表 4-84　　　　　　　　　典型方案 XA1-14 工程量表

序号	项目名称	单位	数量	备注
	安装工程			
XYD1-224	冷却系统检修　冷却风机检修拆装　冷却风机拆装	台	5	
XYD7-31	电缆拆装　截面（mm²）10	m	720	
XYD7-103	控制电缆终端头制作拆装　14 芯以内	个	10	
XYD7-90	户外干包式电力电缆终端头拆装　户外干包式电力电缆终端头 1kV　截面（mm²）10	个	10	
XYS1-7×0.5	油浸电力变压器　500kV	台	1	0.5 调整系数，冷却装置及二次回路试验

4.15　XA1-15 更换 500kV（单相）主变有载分接开关

4.15.1　典型方案主要内容

本典型方案为更换 1 台 500kV 变压器（单相）有载分接开关，内容包括放、注油，更换分接开关，绝缘油过滤及试验，分接开关调试及试验。

4.15.2　典型方案主要技术条件

典型方案 XA1-15 主要技术条件见表 4-85。

表 4-85　　　　　　　　　典型方案 XA1-15 主要技术条件

方案名称	工程主要技术条件	
更换 500kV（单相）主变有载分接开关	设备要求	500kV 常规变压器均可
	设备类型	M 型、V 型
	施工条件	设备冲、放油，吊车搬运
	工作条件	环境温度 -25~40℃
	海拔	1000m 以上

4.15.3　典型方案估算书

估算投资为总投资，编制依据按第 3 章要求。典型方案 XA1-15 估算书包括总估算汇总表、设备检修专业汇总表、其他费用估算表，分别见表 4-86~表 4-88。

表 4-86　　　　　　　　　典型方案 XA1-15 总估算汇总表　　　　　　　　金额单位：万元

序号	工程或费用名称	含税金额	占合计总费用的比例（%）	不含税金额	可抵扣增值税金额
一	建筑修缮费				

续表

序号	工程或费用名称	含税金额	占合计总费用的比例（%）	不含税金额	可抵扣增值税金额
二	设备检修费	5.29	7.53	4.85	0.44
三	配件购置费	60.11	85.58	53.2	6.91
	其中：编制基准期价差	0.14	0.2	0.14	
四	小计	65.4	93.11	58.05	7.35
五	其他费用	4.84	6.89	4.57	0.27
六	基本预备费				
七	工程总费用合计	70.24	100	62.62	7.62
	其中：可抵扣增值税金额	7.62			7.62
	其中：施工费	5.29	7.53	4.85	0.44

表 4-87　　　　　典型方案 XA1-15 设备检修专业汇总表　　　　　金额单位：元

序号	工程或费用名称	设备检修费		配件购置费	合计
		检修费	未计价材料费		
	设备检修工程	52859		601050	653909
一	主变压器系统检修	33802		601050	634852
1	主变压器	33802		601050	634852
九	调试	19057			19057
	合计	52859		601050	653909

表 4-88　　　　　典型方案 XA1-15 其他费用估算表　　　　　金额单位：元

序号	工程或费用项目名称	编制依据及计算说明	合价
2	项目管理费		3616
2.1	管理经费	（建筑修缮费+设备检修费）×1.24%	655
2.2	招标费	（建筑修缮费+设备检修费）×1.2%	634
2.3	工程监理费	（建筑修缮费+设备检修费）×4.4%	2326
3	项目技术服务费		44759
3.1	前期工作费	（建筑修缮费+设备检修费）×2.53%	1337
3.2	工程勘察设计费		39909
3.2.2	设计费	设计费×100%	39909
3.3	设计文件评审费		2913
3.3.1	初步设计文件评审费	设计费×3.5%	1397

续表

序号	工程或费用项目名称	编制依据及计算说明	合价
3.3.2	施工图文件评审费	设计费×3.8%	1517
3.4	结算文件审核费	（建筑修缮费＋设备检修费）×0.44%	600
	合计		48375

4.15.4 典型方案电气设备材料表

典型方案 XA1-15 电气设备材料见表 4-89。

表 4-89　　　　　典型方案 XA1-15 电气设备材料表

序号	设备或材料名称	单位	数量	备注
	安装工程			
一	主变压器系统			
500140432	变压器配件，变压器有载调压分接开关（500kV）	个	1	

4.15.5 典型方案工程量表

典型方案 XA1-15 工程量见表 4-90。

表 4-90　　　　　典型方案 XA1-15 工程量表

序号	项目名称	单位	数量	备注
	安装工程			
XYD1-129	分接开关本体解体检修 500kV 有载分接开关 容量（kVA 以下）500000	台	1	
XYS1-7×0.5	油浸电力变压器 500kV	台	1	0.5调整系数，有载分接开关试验及检查
XYD1-304	绝缘油油过滤　油过滤	t	2	
XYS1-583	绝缘油试验　瓶取样	样	2	
XYS1-585	绝缘油试验　介质损耗因数测量	样	1	
XYS1-588	绝缘油试验　击穿电压试验	样	1	
XYS1-592	绝缘油试验　水分（微水）试验	样	2	
XYS1-594	绝缘油试验　油中含气量分析	样	1	
XYS1-590	闭口闪点试验	样	2	
XYS1-593	色谱分析试验	样	2	

4.16 XA1-16 解体检修500kV主变压器（单相）

4.16.1 典型方案主要内容

本典型方案为1台500kV主变压器现场解体检修，内容包括三侧引线拆除，主变外观检查和修前试验；放油后，主变吊芯（罩）检查，修理及更换配件（包括继电器、油温计、油位计、吸湿器、压力释放阀、空气开关）并处理油。进行绝缘油取样及试验，变压器调试。

4.16.2 典型方案主要技术条件

典型方案XA1-16主要技术条件见表4-91。

表4-91　　　　　　　典型方案XA1-16主要技术条件

方案名称	工程主要技术条件	
解体检修500kV主变压器（单相）	设备要求	500kV常规变压器
	额定电压	500kV
	工作条件	环境温度-25～40℃
	空气湿度	干燥
	暴露时间	小于16h

4.16.3 典型方案估算书

估算投资为总投资，编制依据按第3章要求。典型方案XA1-16估算书包括总估算汇总表、设备检修专业汇总表、其他费用估算表，分别见表4-92～表4-94。

表4-92　　　　　典型方案XA1-16总估算汇总表　　　　　金额单位：万元

序号	工程或费用名称	含税金额	占合计总费用的比例（%）	不含税金额	可抵扣增值税金额
一	建筑修缮费				
二	设备检修费	46.37	60.55	42.53	3.84
三	配件购置费	20.26	26.46	17.93	2.33
	其中：编制基准期价差	1.27	1.66	1.27	
四	小计	66.63	87.01	60.46	6.17
五	其他费用	9.95	12.99	9.39	0.56
六	基本预备费				
七	工程总费用合计	76.58	100	69.85	6.73
	其中：可抵扣增值税金额	6.73			6.73
	其中：施工费	46.03	60.11	42.23	3.8

表 4-93　　　　典型方案 XA1-16 设备检修专业汇总表　　　　金额单位：元

序号	工程或费用名称	设备检修费		配件购置费	合计
		检修费	未计价材料费		
	设备检修工程	460342	3355	202576	666273
一	主变压器系统检修	326214		202576	528790
1	主变压器	326214		202576	528790
七	电缆及接地		3355		3355
1	电线、电缆		3355		3355
九	调试	134128			134128
	合计	460342	3355	202576	666273

表 4-94　　　　典型方案 XA1-16 其他费用估算表　　　　金额单位：元

序号	工程或费用项目名称	编制依据及计算说明	合价
2	项目管理费		31717
2.1	管理经费	（建筑修缮费+设备检修费）×1.24%	5750
2.2	招标费	（建筑修缮费+设备检修费）×1.2%	5564
2.3	工程监理费	（建筑修缮费+设备检修费）×4.4%	20403
3	项目技术服务费		67748
3.1	前期工作费	（建筑修缮费+设备检修费）×2.53%	11732
3.2	工程勘察设计费		50304
3.2.2	设计费	设计费×100%	50304
3.3	设计文件评审费		3672
3.3.1	初步设计文件评审费	设计费×3.5%	1761
3.3.2	施工图文件评审费	设计费×3.8%	1912
3.4	结算文件审核费	（建筑修缮费+设备检修费）×0.44%	2040
	合计		99464

4.16.4　典型方案电气设备材料表

典型方案 XA1-16 电气设备材料见表 4-95。

表 4-95　　　　典型方案 XA1-16 电气设备材料表

序号	设备或材料名称	单位	数量	备注
	安装工程			
一	主变压器系统			

续表

序号	设备或材料名称	单位	数量	备注
500011689	绝缘油，#25	t	2	
500031027	低压开关，交流空气开关，300A，三相（500kV）	个	15	
500140446	变压器配件，油流继电器（500kV）	个	3	
500140428	变压器配件，瓦斯继电器（500kV）	个	1	
100000015	500kV变电站控制电缆	km	0.200	
500074391	密封件，密封圈（500kV）	只	100	
500065330	液压元件，液压压力释放阀（500kV）	只	3	一个分接开关，2本体
500140434	变压器配件，吸湿器（500kV）	个	1	
500140418	变压器配件，油温计（500kV）	个	3	
500140421	变压器配件，油位计（500kV）	个	2	

4.16.5 典型方案工程量表

典型方案 XA1-16 工程量见表 4-96。

表 4-96　　　　　　　　典型方案 XA1-16 工程量表

序号	项目名称	单位	数量	备注
	安装工程			
XYD1-93	变压器解体检修 500kV 变压器 容量（kVA 以下）500000	台	1	
XYD1-304	油过滤	t	67	
XYS1-583	绝缘油试验 瓶取样	样	13	
XYS1-584	绝缘油试验 注射器取样	样	11	
XYS1-585	绝缘油试验 介质损耗因数测量	样	8	
XYS1-586	绝缘油试验 体积电阻率测量	样	7	
XYS1-587	绝缘油试验 水溶性酸值试验	样	7	
XYS1-588	绝缘油试验 击穿电压试验	样	9	
XYS1-589	绝缘油试验 酸值试验	样	7	
XYS1-590	绝缘油试验 闭口闪点试验	样	7	
XYS1-591	绝缘油试验 界面张力试验	样	7	
XYS1-592	绝缘油试验 水分（微水）试验	样	8	
XYS1-593	绝缘油试验 色谱分析试验	样	5	
XYS1-611	气体继电器	只	4	

续表

序号	项目名称	单位	数量	备注
XYS1-616	相关温度计校验 热电阻温度计	只	3	
XYS1-614	相关温度计校验 绕组温度计	只	2	
XYS1-7	油浸电力变压器 500kV	台	1	
调 XYS1-7 R×1.3 C×1.3 J×1.3	油浸电力变压器 500kV	台（单相）	1	

第 5 章 检修断路器

典型方案说明

检修断路器典型方案共 5 个：按照电压等级、检修内容分为 35～500kV（不含 330kV）不同类型的检修断路器的典型方案。所有典型方案的工作范围只包含断路器本体及机构检修，不包含保护等二次设备检修。

5.1 XA2-1 检修 35kV SF$_6$ 瓷柱式断路器弹簧操动机构

5.1.1 典型方案主要内容

本典型方案为检修 1 台 35kV SF$_6$ 瓷柱式断路器弹簧操动机构，内容包括机构拆卸、回装；检修机构箱、传动部件，检修储能电机、储能开关；检修分合闸弹簧，检修电磁铁等部件；检修及更换表计、辅助开关等二次元件；检修二次接线，缺陷处理等。

5.1.2 典型方案主要技术条件

典型方案 XA2-1 主要技术条件见表 5-1。

表 5-1　　　　　　　　典型方案 XA2-1 主要技术条件

方案名称	技术条件名称	典型参数
检修 35kV SF$_6$ 瓷柱式断路器弹簧操动机构	断路器型式	SF$_6$ 柱式
	电压等级（kV）	35
	额定电流（A）	1250
	额定频率（Hz）	50
	额定短时耐受电流及持续时间（kA/s）	25/4
	操作方式	三相操作
	安装场所	户外

5.1.3 典型方案估算书

估算投资为总投资，编制依据按第 3 章要求。典型方案 XA2-1 估算书包括总估算汇总表、设备检修专业汇总表、其他费用估算表，分别见表 5-2～表 5-4。

表 5-2　　　　　　典型方案 XA2-1 总估算汇总表　　　　　　金额单位：万元

序号	工程或费用名称	含税金额	占合计总费用的比例（%）	不含税金额	可抵扣增值税金额
一	建筑修缮费				
二	设备检修费	0.1	4.67	0.09	0.01

续表

序号	工程或费用名称	含税金额	占合计总费用的比例（%）	不含税金额	可抵扣增值税金额
三	配件购置费	1.86	86.92	1.65	0.21
	其中：编制基准期价差				
四	小计	1.96	91.59	1.74	0.22
五	其他费用	0.18	8.41	0.17	0.01
六	基本预备费				
七	工程总费用合计	2.14	100	1.91	0.23
	其中：可抵扣增值税金额	0.23			0.23
	其中：施工费	0.1	4.67	0.09	0.01

表 5-3   典型方案 XA2-1 设备检修专业汇总表   金额单位：元

序号	工程或费用名称	设备检修费		配件购置费	合计
		检修费	未计价材料费		
一	设备检修工程	988		18592	19580
二	配电装置检修	988		18592	19580
1	屋外交流配电装置	988		18592	19580
	合计	988		18592	19580

表 5-4   典型方案 XA2-1 其他费用估算表   金额单位：元

序号	工程或费用项目名称	编制依据及计算说明	合价
2	项目管理费		68
2.1	管理经费	（建筑修缮费+设备检修费）×1.24%	12
2.2	招标费	（建筑修缮费+设备检修费）×1.2%	12
2.3	工程监理费	（建筑修缮费+设备检修费）×4.4%	43
3	项目技术服务费		1698
3.1	前期工作费	（建筑修缮费+设备检修费）×2.53%	25
3.2	工程勘察设计费		1000
3.2.2	设计费	设计费×100%	1000
3.3	设计文件评审费		73
3.3.1	初步设计文件评审费	设计费×3.5%	35
3.3.2	施工图文件评审费	设计费×3.8%	38
3.4	结算文件审核费	（建筑修缮费+设备检修费）×0.44%	600
	合计		1766

5.1.4 典型方案电气设备材料表

典型方案 XA2-1 电气设备材料见表 5-5。

表 5-5　　　　　典型方案 XA2-1 电气设备材料表

序号	设备或材料名称	单位	数量	备注
	安装工程			
一	配电装置			
1	35kV SF$_6$ 瓷柱式断路器			
1.1	断路器配件			
500140619	断路器配件，辅助开关	个	1	（远方就地转换开关）
500140619	断路器配件，辅助开关	个	5	
500140457	断路器配件，分闸线圈	个	1	
500140455	断路器配件，合闸线圈	个	1	
500140616	断路器配件，断路器状态指示模块	只	1	
500009882	计数器	只	1	
500140541	温度、湿度测量仪表配件，温控器配件	个	1	
500022460	低压开关，交流空气开关，3A，单相	个	3	
500141820	继电器，信号继电器	只	2	
500141814	继电器，中间继电器	只	4	

5.1.5 典型方案工程量表

典型方案 XA2-1 工程量见表 5-6。

表 5-6　　　　　典型方案 XA2-1 工程量表

序号	项目名称	单位	数量	备注
	设备检修工程			
二	配电装置检修			
1	屋外交流配电装置			
XYD2-87	断路器操动机构解体检修　弹簧操动机构解体检修 35kV	台	1	

5.2　XA2-2 检修 66kV SF$_6$ 瓷柱式断路器弹簧操动机构

5.2.1 典型方案主要内容

本典型方案为检修 1 台 66kV SF$_6$ 瓷柱式断路器弹簧操动机构，内容包括机构拆卸、回装；检修机构箱、传动部件，检修储能电机、储能开关；检修分合闸弹簧，检修电磁铁等部件；检修及更换表计、辅助开关等二次元件；检修二次接线，缺陷处理等。

5.2.2 典型方案主要技术条件

典型方案 XA2-2 主要技术条件见表 5-7。

表 5-7　　　　　　　典型方案 XA2-2 主要技术条件

方案名称	技术条件名称	
检修 66kV SF$_6$ 瓷柱式断路器弹簧操动机构	断路器型式	SF$_6$ 柱式
	电压等级（kV）	66
	额定电流（A）	3150
	额定频率（Hz）	50
	额定短时耐受电流及持续时间（kA/s）	40/4
	操作方式	三相操作
	安装场所	户外

5.2.3 典型方案估算书

估算投资为总投资，编制依据按第 3 章要求。典型方案 XA2-2 估算书包括总估算汇总表、设备检修专业汇总表、其他费用估算表，分别见表 5-8～表 5-10。

表 5-8　　　　　　典型方案 XA2-2 总估算汇总表　　　　　金额单位：万元

序号	工程或费用名称	含税金额	占合计总费用的比例（%）	不含税金额	可抵扣增值税金额
一	建筑修缮费				
二	设备检修费	0.26	10.92	0.24	0.02
三	配件购置费	1.92	80.67	1.7	0.22
	其中：编制基准期价差	0.01	0.42	0.01	
四	小计	2.18	91.6	1.94	0.24
五	其他费用	0.2	8.4	0.19	0.01
六	基本预备费				
七	工程总费用合计	2.38	100	2.13	0.25
	其中：可抵扣增值税金额	0.25			0.25
	其中：施工费	0.26	10.92	0.24	0.02

表 5-9　　　　　　典型方案 XA2-2 设备检修专业汇总表　　　　　金额单位：元

序号	工程或费用名称	设备检修费		配件购置费	合计
		检修费	未计价材料费		
	设备检修工程	2605		19244	21849

续表

序号	工程或费用名称	设备检修费		配件购置费	合计
		检修费	未计价材料费		
二	配电装置检修	2605		19244	21849
1	屋外交流配电装置	2605		19244	21849
	合计	2605		19244	21849

表 5-10　　　　　　　典型方案 XA2-2 其他费用估算表　　　　　　金额单位：元

序号	工程或费用项目名称	编制依据及计算说明	合价
2	项目管理费		178
2.1	管理经费	（建筑修缮费+设备检修费）×1.24%	32
2.2	招标费	（建筑修缮费+设备检修费）×1.2%	31
2.3	工程监理费	（建筑修缮费+设备检修费）×4.4%	115
3	项目技术服务费		1847
3.1	前期工作费	（建筑修缮费+设备检修费）×2.53%	66
3.2	工程勘察设计费		1650
3.2.2	设计费	设计费×100%	1650
3.3	设计文件评审费		132
3.3.1	初步设计文件评审费	设计费×3.5%	58
3.3.2	施工图文件评审费	设计费×3.8%	63
3.4	结算文件审核费	（建筑修缮费+设备检修费）×0.44%	11
	合计		2026

5.2.4　典型方案电气设备材料表

典型方案 XA2-2 电气设备材料见表 5-11。

表 5-11　　　　　　　典型方案 XA2-2 电气设备材料表

序号	设备或材料名称	单位	数量	备注
	安装工程			
一	配电装置			
1	66kV SF$_6$ 瓷柱式断路器			
1.1	断路器配件			
500140619	断路器配件，辅助开关	个	1	（远方就地转换开关）

续表

序号	设备或材料名称	单位	数量	备注
500140619	断路器配件，辅助开关	个	5	
500140457	断路器配件，分闸线圈	个	1	
500140455	断路器配件，合闸线圈	个	1	
500140616	断路器配件，断路器状态指示模块	个	1	
500009882	计数器	只	1	
500140541	温度、湿度测量仪表配件，温控器配件	个	1	
500022460	低压开关，交流空气开关，3A，单相	个	3	
500141820	继电器，信号继电器	只	2	
500141814	继电器，中间继电器	只	4	

5.2.5 典型方案工程量表

典型方案 XA2-2 工程量见表 5-12。

表 5-12 典型方案 XA2-2 工程量表

序号	项目名称	单位	数量	备注
	设备检修工程			
二	配电装置检修			
调 XYD2-88 R×0.88 C×0.88 J×0.88	断路器操动机构解体检修　弹簧操动机构解体检修　110kV	台	1	

5.3　XA2-3　检修 110kV SF$_6$ 瓷柱式断路器弹簧操动机构

5.3.1 典型方案主要内容

本典型方案为检修 1 台 110kV SF$_6$ 瓷柱式断路器弹簧操动机构，内容包括机构拆卸、回装；检修机构箱、传动部件，检修储能电机、储能开关；检修分合闸弹簧，检修电磁铁等部件；检修及更换表计、辅助开关等二次元件；检修二次接线，缺陷处理等。

5.3.2 典型方案主要技术条件

典型方案 XA2-3 主要技术条件见表 5-13。

表 5-13　　　　　　　　　　典型方案 XA2-3 主要技术条件

方案名称	技术条件名称	典型参数
检修 110kV SF$_6$ 瓷柱式断路器弹簧操动机构	断路器型式	SF$_6$ 柱式
	电压等级（kV）	110
	额定电流（A）	3150
	额定频率（Hz）	50
	额定短时耐受电流及持续时间（kA/s）	40/3
	操作方式	三相操作
	安装场所	户外

5.3.3 典型方案估算书

估算投资为总投资，编制依据按第 3 章要求。典型方案 XA2-3 估算书包括总估算汇总表、设备检修专业汇总表、其他费用估算表，分别见表 5-14～表 5-16。

表 5-14　　　　　　　　典型方案 XA2-3 总估算汇总表　　　　　　　金额单位：万元

序号	工程或费用名称	含税金额	占合计总费用的比例（%）	不含税金额	可抵扣增值税金额
一	建筑修缮费				
二	设备检修费	0.3	12.4	0.28	0.02
三	配件购置费	1.86	76.86	1.65	0.21
	其中：编制基准期价差	0.01	0.41	0.01	
四	小计	2.16	89.26	1.93	0.23
五	其他费用	0.26	10.74	0.25	0.01
六	基本预备费				
七	工程总费用合计	2.42	100	2.18	0.24
	其中：可抵扣增值税金额	0.24			0.24
	其中：施工费	0.3	12.4	0.28	0.02

表 5-15　　　　　　　　典型方案 XA2-3 设备检修专业汇总表　　　　　　　金额单位：元

序号	工程或费用名称	设备检修费		配件购置费	合计
		检修费	未计价材料费		
一	设备检修工程	2995		18592	21587
二	配电装置检修	2995		18592	21587
1	屋外交流配电装置	2995		18592	21587
	合计	2995		18592	21587

表 5-16　　　　　典型方案 XA2-3 其他费用估算表　　　　　金额单位：元

序号	工程或费用名称	编制依据及计算说明	合价
2	项目管理费		205
2.1	管理经费	（建筑修缮费＋设备检修费）×1.24%	37
2.2	招标费	（建筑修缮费＋设备检修费）×1.2%	36
2.3	工程监理费	（建筑修缮费＋设备检修费）×4.4%	132
3	项目技术服务费		2425
3.1	前期工作费	（建筑修缮费＋设备检修费）×2.53%	76
3.2	工程勘察设计费		1630
3.2.2	设计费	设计费×100%	1630
3.3	设计文件评审费		119
3.3.1	初步设计文件评审费	设计费×3.5%	57
3.3.2	施工图文件评审费	设计费×3.8%	62
3.4	结算文件审核费	（建筑修缮费＋设备检修费）×0.44%	600
	合计		2629

5.3.4　典型方案电气设备材料表

典型方案 XA2-3 电气设备材料见表 5-17。

表 5-17　　　　　典型方案 XA2-3 电气设备材料表

序号	设备或材料名称	单位	数量	备注
	安装工程			
一	配电装置			
1	110kV SF$_6$ 瓷柱式断路器			
1.1	断路器配件			
500140619	断路器配件，辅助开关	个	1	（远方就地转换开关）
500140619	断路器配件，辅助开关	个	5	
500140457	断路器配件，分闸线圈	个	1	
500140455	断路器配件，合闸线圈	个	1	
500140616	断路器配件，断路器状态指示模块	只	1	
500009882	计数器	只	1	
500140541	温度、湿度测量仪表配件，温控器配件	个	1	

续表

序号	设备或材料名称	单位	数量	备注
500022460	低压开关，交流空气开关，3A，单相	个	3	
500141820	继电器，信号继电器	只	2	
500141814	继电器，中间继电器	只	4	

5.3.5 典型方案工程量表

典型方案 XA2-3 工程量见表 5-18。

表 5-18　　　　　典型方案 XA2-3 工程量表

序号	项目名称	单位	数量	备注
	设备检修工程			
二	配电装置检修			
1	屋外交流配电装置			
XYD2-88	断路器操动机构解体检修　弹簧操动机构解体检修　110kV	台	1	

5.4　XA2-4　检修 220kV SF_6 瓷柱式断路器弹簧操动机构

5.4.1　典型方案主要内容

本典型方案为检修 1 台 220kV SF_6 瓷柱式断路器弹簧操动机构，内容包括机构拆卸、回装；检修机构箱、传动部件，检修储能电机、储能开关；检修分合闸弹簧，检修电磁铁等部件；检修及更换表计、辅助开关等二次元件；检修二次接线，缺陷处理等。

5.4.2　典型方案主要技术条件

典型方案 XA2-4 主要技术条件见表 5-19。

表 5-19　　　　　典型方案 XA2-4 主要技术条件

方案名称	技术条件名称	典型参数
检修 220kV SF_6 瓷柱式断路器弹簧操动机构	断路器型式	SF_6 柱式
	电压等级（kV）	220
	额定电流（A）	5000
	额定频率（Hz）	50
	额定短时耐受电流及持续时间（kA/s）	50/3、63/2
	操作方式	三相机械联动
	安装场所	户外

5.4.3 典型方案估算书

估算投资为总投资，编制依据按第 3 章要求。典型方案 XA2-4 估算书包括总估算汇总表、设备检修专业汇总表、其他费用估算表，分别见表 5-20～表 5-22。

表 5-20　　　　　典型方案 XA2-4 总估算汇总表　　　　　金额单位：万元

序号	工程或费用名称	含税金额	占合计总费用的比例（%）	不含税金额	可抵扣增值税金额
一	建筑修缮费				
二	设备检修费	0.42	11.23	0.39	0.03
三	配件购置费	2.95	78.88	2.61	0.34
	其中：编制基准期价差	0.01	0.27	0.01	
四	小计	3.37	90.11	3	0.37
五	其他费用	0.37	9.89	0.35	0.02
六	基本预备费				
七	工程总费用合计	3.74	100	3.35	0.39
	其中：可抵扣增值税金额	0.39			0.39
	其中：施工费	0.42	11.23	0.39	0.03

表 5-21　　　　典型方案 XA2-4 设备检修专业汇总表　　　　金额单位：元

序号	工程或费用名称	设备检修费		配件购置费	合计
		检修费	未计价材料费		
一	设备检修工程	4202		29471	33674
二	配电装置检修	4202		29471	33674
1	屋外交流配电装置	4202		29471	33674
	合计	4202		29471	33674

表 5-22　　　　　典型方案 XA2-4 其他费用估算表　　　　　金额单位：元

序号	工程或费用名称	编制依据及计算说明	合价
2	项目管理费		287
2.1	管理经费	（建筑修缮费+设备检修费）×1.24%	52
2.2	招标费	（建筑修缮费+设备检修费）×1.2%	50
2.3	工程监理费	（建筑修缮费+设备检修费）×4.4%	185
3	项目技术服务费		3434
3.1	前期工作费	（建筑修缮费+设备检修费）×2.53%	106
3.2	工程勘察设计费		2542

续表

序号	工程或费用名称	编制依据及计算说明	合价
3.2.2	设计费	设计费×100%	2542
3.3	设计文件评审费		186
3.3.1	初步设计文件评审费	设计费×3.5%	89
3.3.2	施工图文件评审费	设计费×3.8%	97
3.4	结算文件审核费	（建筑修缮费+设备检修费）×0.44%	600
	合计		3722

5.4.4 典型方案电气设备材料表

典型方案 XA2-4 电气设备材料见表 5-23。

表 5-23　　　　　典型方案 XA2-4 电气设备材料表

序号	设备或材料名称	单位	数量	备注
	安装工程			
一	配电装置			
1	220kV 柱式断路器			
1.1	断路器配件			
500140619	断路器配件，辅助开关	个	2	远方就地隔离转换开关
500140619	断路器配件，辅助开关	个	2	手动/电动储能转换开关
500140619	断路器配件，辅助开关	个	2	就地操作开关
500140619	断路器配件，辅助开关	个	3	
500140457	断路器配件，分闸线圈	只	2	
500140455	断路器配件，合闸线圈	个	1	
500140616	断路器配件，断路器状态指示模块	个	1	
500009882	计数器	只	1	
500140541	温度、湿度测量仪表配件，温控器配件	个	2	
500022460	低压开关，交流空气开关，3A，单相	个	3	
500141818	继电器，热继电器	只	4	
500141820	继电器，信号继电器	只	4	
500141814	继电器，中间继电器	只	4	

5.4.5 典型方案工程量表

典型方案 XA2-4 工程量见表 5-24。

表 5-24　　　　　　　　典型方案 XA2-4 工程量表

序号	项目名称	单位	数量	备注
一	设备检修工程			
二	配电装置检修			
1	屋外交流配电装置			
XYD2-89	断路器操动机构解体检修　弹簧操动机构解体检修　220kV	台	1	

5.5　XA2-5 检修 500kV SF_6 瓷柱式断路器弹簧操动机构

5.5.1 典型方案主要内容

本典型方案为检修 1 台 500kV SF_6 瓷柱式断路器（三相为 1 台）弹簧操动机构，内容包括机构拆卸、回装；检修机构箱、传动部件，检修储能电机、储能开关；检修分合闸弹簧，检修电磁铁等部件；检修及更换表计、辅助开关等二次元件；检修二次接线，缺陷处理等。

5.5.2 典型方案主要技术条件

典型方案 XA2-5 主要技术条件见表 5-25。

表 5-25　　　　　　　　典型方案 XA2-5 主要技术条件

方案名称	技术条件名称	典型参数
检修 500kV SF_6 瓷柱式断路器弹簧操动机构	断路器型式	SF_6 柱式
	额定电压（kV）	500
	额定电流（A）	4000
	额定频率（Hz）	50
	额定短时耐受电流及持续时间（kA/s）	63/2
	操作方式	分相操作
	安装场所	户外

5.5.3 典型方案估算书

估算投资为总投资，编制依据按第 3 章要求。典型方案 XA2-5 估算书包括总估算汇总表、设备检修专业汇总表、其他费用估算表，分别见表 5-26～表 5-28。

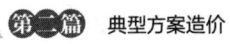

表 5-26　　　　　　　　典型方案 XA2-5 总估算汇总表　　　　　　　金额单位：万元

序号	工程或费用名称	含税金额	占合计总费用的比例（%）	不含税金额	可抵扣增值税金额
一	建筑修缮费				
二	设备检修费	0.71	7.87	0.65	0.06
三	配件购置费	7.6	84.26	6.73	0.87
	其中：编制基准期价差	0.02	0.22	0.02	
四	小计	8.31	92.13	7.38	0.93
五	其他费用	0.71	7.87	0.67	0.04
六	基本预备费				
七	工程总费用合计	9.02	100	8.05	0.97
	其中：可抵扣增值税金额	0.97			0.97
	其中：施工费	0.71	7.87	0.65	0.06

表 5-27　　　　　　　　典型方案 XA2-5 设备检修专业汇总表　　　　　　金额单位：元

序号	工程或费用名称	设备检修费		配件购置费	合计
		检修费	未计价材料费		
一	设备检修工程	7138		76033	83170
二	配电装置检修	7138		76033	83170
1	屋外交流配电装置	7138		76033	83170
	合计	7138		76033	83170

表 5-28　　　　　　　　典型方案 XA2-5 其他费用估算表　　　　　　　金额单位：元

序号	工程或费用项目名称	编制依据及计算说明	合价
2	项目管理费		488
2.1	管理经费	（建筑修缮费+设备检修费）×1.24%	89
2.2	招标费	（建筑修缮费+设备检修费）×1.2%	86
2.3	工程监理费	（建筑修缮费+设备检修费）×4.4%	314
3	项目技术服务费		6563
3.1	前期工作费	（建筑修缮费+设备检修费）×2.53%	181
3.2	工程勘察设计费		5389
3.2.2	设计费	设计费×100%	5389
3.3	设计文件评审费		393
3.3.1	初步设计文件评审费	设计费×3.5%	189

续表

序号	工程或费用项目名称	编制依据及计算说明	合价
3.3.2	施工图文件评审费	设计费×3.8%	205
3.4	结算文件审核费	（建筑修缮费+设备检修费）×0.44%	600
	合计		7051

5.5.4 典型方案电气设备材料表

典型方案 XA2-5 电气设备材料见表 5-29。

表 5-29　　　　　典型方案 XA2-5 电气设备材料表

序号	设备或材料名称	单位	数量	备注
	安装工程			
一	配电装置			
1	500kV 柱式断路器			
1.1	断路器配件			
500140619	断路器配件，辅助开关	个	8	每相1台，汇控柜1台；远方就地隔离转换开关，适用于500kV断路器，断路器弹簧机构
500140619	断路器配件，辅助开关	个	6	每相1台，汇控柜1台；手动/电动储能转换开关，适用于500kV断路器，断路器弹簧机构
500140619	断路器配件，辅助开关	个	4	每相1台，汇控柜1台；就地操作开关，适用于500kV断路器，断路器弹簧机构
500140619	断路器配件，辅助开关	个	9	
500140457	断路器配件，分闸线圈	只	6	
500140455	断路器配件，合闸线圈	个	3	
500140616	断路器配件，断路器状态指示模块	个	3	
500009882	计数器	只	3	
500140541	温度、湿度测量仪表配件，温控器配件	个	4	1个/相，汇控柜1个；温湿度控制器，适用于500kV断路器，断路器弹簧机构
500022460	低压开关，交流空气开关，3A，单相	个	3	
500141818	继电器，热继电器	只	8	2个/相，汇控柜2个
500141807	继电器，时间继电器	只	2	只有汇控柜有
500141820	继电器，信号继电器	只	8	2个/相，汇控柜2个
500141814	继电器，中间继电器	只	12	4个/相，汇控柜无

5.5.5 典型方案工程量表

典型方案 XA2-5 工程量见表 5-30。

表 5-30　　　　　　　　　典型方案 XA2-5 工程量表

序号	项目名称	单位	数量	备注
	设备检修工程			
二	配电装置检修			
1	屋外交流配电装置			
XYD2-91	断路器操动机构解体检修 弹簧操动机构解体检修 500kV	台	1	

第6章 检修隔离开关

典型方案说明

检修隔离开关典型方案共 30 个：按照电压等级、结构型式、检修内容等分为 35kV 至 500kV（不含 330kV）不同类型的检修隔离开关典型方案。所有典型方案的工作范围只包含隔离开关本体及机构检修试验，不包含保护等二次设备检修。

6.1 XA3-1 更换 35kV 双柱水平旋转隔离开关操动机构配件

6.1.1 典型方案主要内容

本典型方案为更换 1 组 35kV 双柱水平旋转隔离开关（三相为 1 组）操动机构配件，内容包括更换机构电机配件，更换联锁机构，更换辅助开关、继电器等二次元件，缺陷处理，隔离开关调试等。

6.1.2 典型方案主要技术条件

典型方案 XA3-1 主要技术条件见表 6-1。

表 6-1　　　　　　　典型方案 XA3-1 主要技术条件

方案名称	技术条件名称		典型参数
更换 35kV 双柱水平旋转隔离开关操动机构配件	额定电压（kV）		40.5
	额定电流（A）		4000/2500
	额定频率（Hz）		50
	结构型式或型号		双柱水平旋转
	接地开关		不接地/单接地/双接地（可根据工程实际情况选用）
	操作方式		三相机械联动
	电动或手动		电动并可手动
	电动机电压（V）		AC 220/AC 380（可根据工程实际情况选用）
	控制电压（V）		AC220
	额定短时耐受电流及持续时间（kA/s）	隔离开关	40/4
		接地开关	40/4
	安装场所		户外

6.1.3 典型方案估算书

估算投资为总投资，编制依据按第 3 章要求。典型方案 XA3-1 估算书包括总估算汇总表、设备检修专业汇总表、其他费用估算表,分别见表 6-2～表 6-4。

表 6-2　　　　　　　　　典型方案 XA3-1 总估算汇总表　　　　　　金额单位:万元

序号	工程或费用名称	含税金额	占合计总费用的比例(%)	不含税金额	可抵扣增值税金额
一	建筑修缮费				
二	设备检修费	0.26	13.98	0.24	0.02
三	配件购置费	1.38	74.19	1.22	0.16
	其中:编制基准期价差	0.01	0.54	0.01	
四	小计	1.64	88.17	1.46	0.18
五	其他费用	0.22	11.83	0.21	0.01
六	基本预备费				
七	工程总费用合计	1.86	100	1.67	0.19
	其中:可抵扣增值税金额	0.19			0.19
	其中:施工费	0.26	13.98	0.24	0.02

表 6-3　　　　　　　典型方案 XA3-1 设备检修专业汇总表　　　　　　金额单位:元

序号	工程或费用名称	设备检修费		配件购置费	合计
		检修费	未计价材料费		
一	设备检修工程	2630		13824	16455
二	配电装置检修	2630		13824	16455
1	屋外交流配电装置	2630		13824	16455
	合计	2630		13824	16455

表 6-4　　　　　　　　典型方案 XA3-1 其他费用估算表　　　　　　　金额单位:元

序号	工程或费用项目名称	编制依据及计算说明	合价
2	项目管理费		180
2.1	管理经费	(建筑修缮费+设备检修费)×1.24%	33
2.2	招标费	(建筑修缮费+设备检修费)×1.2%	32
2.3	工程监理费	(建筑修缮费+设备检修费)×4.4%	116
3	项目技术服务费		2000
3.1	前期工作费	(建筑修缮费+设备检修费)×2.53%	67
3.2	工程勘察设计费		1242
3.2.2	设计费	设计费×100%	1242

续表

序号	工程或费用项目名称	编制依据及计算说明	合价
3.3	设计文件评审费		91
3.3.1	初步设计文件评审费	设计费×3.5%	43
3.3.2	施工图文件评审费	设计费×3.8%	47
3.4	结算文件审核费	(建筑修缮费+设备检修费)×0.44%	600
	合计		2179

6.1.4 典型方案电气设备材料表

典型方案 XA3-1 电气设备材料见表 6-5。

表 6-5　　　　　　　典型方案 XA3-1 电气设备材料表

序号	设备或材料名称	单位	数量	备注
	安装工程			
一	配电装置			
1	35kV 双柱水平旋转隔离开关			
1.1	隔离开关配件			
500141814	继电器,中间继电器	个	3	
500134152	电机辅助配件,通用性型号	个	3	挂靠电动机编码
500140496	隔离开关配件,隔离开关操动机构接点	个	3	
500140474	隔离开关配件,联锁机构	个	3	

6.1.5 典型方案工程量表

典型方案 XA3-1 工程量见表 6-6。

表 6-6　　　　　　　典型方案 XA3-1 工程量表

序号	项目名称	单位	数量	备注
	设备检修工程			
二	配电装置检修			
1	屋外交流配电装置			
调 XYD2-241 R×0.6 C×0.6 J×0.6	隔离开关分项解体检修　操动机构、传动部件解体检修　35kV	组	1	
XYS1-74	户外隔离开关 35kV	组	1	

6.2 XA3-2 更换35kV双柱水平旋转隔离开关操动机构

6.2.1 典型方案主要内容

本典型方案为更换1组35kV双柱水平旋转隔离开关(三相为1组)操动机构,内容包括更换操动机构,更换隔离开关连杆,缺陷处理,隔离开关调试等。

6.2.2 典型方案主要技术条件

典型方案XA3-2主要技术条件见表6-7。

表6-7 典型方案XA3-2主要技术条件

方案名称	技术条件名称		典型参数
更换35kV双柱水平旋转隔离开关操动机构	额定电压(kV)		40.5
	额定电流(A)		4000/2500
	额定频率(Hz)		50
	结构型式或型号		双柱水平旋转
	接地开关		不接地/单接地/双接地(可根据工程实际情况选用)
	操作方式		三相机械联动
	电动或手动		电动并可手动
	电动机电压(V)		AC 220/AC 380(可根据工程实际情况选用)
	控制电压(V)		AC220
	额定短时耐受电流及持续时间(kA/s)	隔离开关	40/4
		接地开关	40/4
	安装场所		户外

6.2.3 典型方案估算书

估算投资为总投资,编制依据按第3章要求。典型方案XA3-2估算书包括总估算汇总表、设备检修专业汇总表、其他费用估算表,分别见表6-8~表6-10。

表6-8 典型方案XA3-2总估算汇总表　　　　金额单位:万元

序号	工程或费用名称	含税金额	占合计总费用的比例(%)	不含税金额	可抵扣增值税金额
一	建筑修缮费				
二	设备检修费	0.26	6.1	0.24	0.02
三	配件购置费	3.7	86.85	3.27	0.43
	其中:编制基准期价差	0.01	0.23	0.01	
四	小计	3.96	92.96	3.51	0.45

续表

序号	工程或费用名称	含税金额	占合计总费用的比例（%）	不含税金额	可抵扣增值税金额
五	其他费用	0.3	7.04	0.28	0.02
六	基本预备费				
七	工程总费用合计	4.26	100	3.79	0.47
	其中：可抵扣增值税金额	0.47			0.47
	其中：施工费	0.26	6.1	0.24	0.02

表6-9　　　　　典型方案 XA3-2 设备检修专业汇总表　　　　金额单位：元

序号	工程或费用名称	设备检修费		配件购置费	合计
		检修费	未计价材料费		
	设备检修工程	2630		37001	39631
二	配电装置检修	2630		37001	39631
1	屋外交流配电装置	2630		37001	39631
	合计	2630		37001	39631

表6-10　　　　　典型方案 XA3-2 其他费用估算表　　　　金额单位：元

序号	工程或费用项目名称	编制依据及计算说明	合价
2	项目管理费		180
2.1	管理经费	（建筑修缮费+设备检修费）×1.24%	33
2.2	招标费	（建筑修缮费+设备检修费）×1.2%	32
2.3	工程监理费	（建筑修缮费+设备检修费）×4.4%	116
3	项目技术服务费		2797
3.1	前期工作费	（建筑修缮费+设备检修费）×2.53%	67
3.2	工程勘察设计费		1986
3.2.2	设计费	设计费×100%	1986
3.3	设计文件评审费		145
3.3.1	初步设计文件评审费	设计费×3.5%	70
3.3.2	施工图文件评审费	设计费×3.8%	75
3.4	结算文件审核费	（建筑修缮费+设备检修费）×0.44%	600
	合计		2977

6.2.4 典型方案电气设备材料表

典型方案 XA3-2 电气设备材料见表 6-11。

表 6-11　　　　　　　　典型方案 XA3-2 电气设备材料表

序号	设备或材料名称	单位	数量	备注
	安装工程			
一	配电装置			
1	35kV 双柱水平旋转隔离开关			
1.1	隔离开关配件			
500140471	隔离开关配件，隔离开关操动机构	个	3	
500140472	隔离开关配件，隔离开关连杆	个	3	

6.2.5 典型方案工程量表

典型方案 XA3-2 工程量见表 6-12。

表 6-12　　　　　　　　典型方案 XA3-2 工程量表

序号	项目名称	单位	数量	备注
	设备检修工程			
二	配电装置检修			
1	屋外交流配电装置			
调 XYD2-241 R×0.6 C×0.6 J×0.6	隔离开关分项解体检修　操动机构、 传动部件解体检修　35kV	组	1	
XYS1-74	户外隔离开关　35kV	组	1	

6.3　XA3-3 更换 35kV 双柱水平旋转隔离开关导电部件

6.3.1 典型方案主要内容

本典型方案为更换 1 组 35kV 双柱水平旋转隔离开关（三相为 1 组）导电部件，内容包括更换隔离开关与接地开关触头及触头弹簧，更换导电杆，缺陷处理，隔离开关调试等。

6.3.2 典型方案主要技术条件

典型方案 XA3-3 主要技术条件见表 6-13。

表 6-13　　　　　　　　　典型方案 XA3-3 主要技术条件

方案名称	技术条件名称		典型参数
更换 35kV 双柱水平旋转隔离开关导电部件	额定电压（kV）		40.5
	额定电流（A）		4000/2500
	额定频率（Hz）		50
	结构型式或型号		双柱水平旋转
	接地开关		不接地/单接地/双接地（可根据工程实际情况选用）
	操作方式		三相机械联动
	电动或手动		电动并可手动
	电动机电压（V）		AC 220/AC 380（可根据工程实际情况选用）
	控制电压（V）		AC 220
	额定短时耐受电流及持续时间（kA/s）	隔离开关	40/4
		接地开关	40/4
	安装场所		户外

6.3.3　典型方案估算书

估算投资为总投资，编制依据按第 3 章要求。典型方案 XA3-3 估算书包括总估算汇总表、设备检修专业汇总表、其他费用估算表，分别见表 6-14～表 6-16。

表 6-14　　　　　　　典型方案 XA3-3 总估算汇总表　　　　　　　金额单位：万元

序号	工程或费用名称	含税金额	占合计总费用的比例（%）	不含税金额	可抵扣增值税金额
一	建筑修缮费				
二	设备检修费	0.25	5.62	0.23	0.02
三	配件购置费	3.91	87.87	3.46	0.45
	其中：编制基准期价差	0.01	0.22	0.01	
四	小计	4.16	93.48	3.69	0.47
五	其他费用	0.29	6.52	0.27	0.02
六	基本预备费				
七	工程总费用合计	4.45	100	3.96	0.49
	其中：可抵扣增值税金额	0.49			0.49
	其中：施工费	0.25	5.62	0.23	0.02

表 6-15　　　　　　　　　　典型方案 XA3-3 设备检修专业汇总表　　　　　　　　金额单位：元

序号	工程或费用名称	设备检修费		配件购置费	合计
		检修费	未计价材料费		
	设备检修工程	2505		39068	41573
二	配电装置检修	2505		39068	41573
1	屋外交流配电装置	2505		39068	41573
	合计	2505		39068	41573

表 6-16　　　　　　　　　　典型方案 XA3-3 其他费用估算表　　　　　　　　　金额单位：元

序号	工程或费用项目名称	编制依据及计算说明	合价
2	项目管理费		171
2.1	管理经费	（建筑修缮费+设备检修费）×1.24%	31
2.2	招标费	（建筑修缮费+设备检修费）×1.2%	30
2.3	工程监理费	（建筑修缮费+设备检修费）×4.4%	110
3	项目技术服务费		2693
3.1	前期工作费	（建筑修缮费+设备检修费）×2.53%	63
3.2	工程勘察设计费		1891
3.2.2	设计费	设计费×100%	1891
3.3	设计文件评审费		138
3.3.1	初步设计文件评审费	设计费×3.5%	66
3.3.2	施工图文件评审费	设计费×3.8%	72
3.4	结算文件审核费	（建筑修缮费+设备检修费）×0.44%	600
	合计		2864

6.3.4　典型方案电气设备材料表

典型方案 XA3-3 电气设备材料见表 6-17。

表 6-17　　　　　　　　　　典型方案 XA3-3 电气设备材料表

序号	设备或材料名称	单位	数量	备注
	安装工程			
一	配电装置			
1	35kV 双柱水平旋转隔离开关			
1.1	隔离开关配件			
500140473	隔离开关配件，隔离开关触头	个	3	动触头
500140473	隔离开关配件，隔离开关触头	个	3	静触头
500140478	隔离开关配件，隔离开关导电杆	个	6	

6.3.5 典型方案工程量表

典型方案 XA3-3 工程量见表 6-18。

表 6-18　　　　　　　　　　　典型方案 XA3-3 工程量表

序号	项目名称	单位	数量	备注
一	设备检修工程			
二	配电装置检修			
1	屋外交流配电装置			
XYD2-233	隔离开关分项解体检修　导电部件检修 35kV	组	1	
XYS1-74	户外隔离开关 35kV	组	1	

6.4　XA3-4　更换 66kV 双柱水平（V 型）旋转隔离开关操动机构配件

6.4.1　典型方案主要内容

本典型方案为更换 1 组 66kV 双柱水平（V 型）旋转隔离开关（三相为 1 组）操动机构配件，内容包括更换机构电机配件，更换联锁机构，更换辅助开关、继电器等二次元件，缺陷处理，隔离开关调试等。

6.4.2　典型方案主要技术条件

典型方案 XA3-4 主要技术条件见表 6-19。

表 6-19　　　　　　　　　　　典型方案 XA3-4 主要技术条件

方案名称	工程主要技术条件	
更换 66kV 双柱水平（V型）旋转隔离开关操动机构配件	设备要求	66kV 双柱式水平（V 型）旋转隔离开关
	额定电压（kV）	66
	额定电流（A）	1250/2500/3150
	额定热稳定电流（kA）	40
	相数	3
	操动方式	三相联动
	有无接地开关	双接地
	安装场所	户外
	工作条件	环境温度 -25～40℃
	海拔	1000m 以下

6.4.3 典型方案估算书

估算投资为总投资,编制依据按第 3 章要求。典型方案 XA3-4 估算书包括总估算汇总表、设备检修专业汇总表、其他费用估算表,分别见表 6-20～表 6-22。

表 6-20　　　　　　　　典型方案 XA3-4 总估算汇总表　　　　　　　金额单位:万元

序号	工程或费用名称	含税金额	占合计总费用的比例（%）	不含税金额	可抵扣增值税金额
一	建筑修缮费				
二	设备检修费	0.37	12.05	0.34	0.03
三	配件购置费	2.44	79.48	2.16	0.28
	其中:编制基准期价差	0.01	0.33	0.01	
四	小计	2.81	91.53	2.5	0.31
五	其他费用	0.26	8.47	0.25	0.01
六	基本预备费				
七	工程总费用合计	3.07	100	2.75	0.32
	其中:可抵扣增值税金额	0.32			0.32
	其中:施工费	0.37	12.05	0.34	0.03

表 6-21　　　　　　　典型方案 XA3-4 设备检修专业汇总表　　　　　　金额单位:元

序号	工程或费用名称	设备检修费		配件购置费	合计
		检修费	未计价材料费		
一	设备检修工程	3740		24373	28112
二	配电装置检修	3740		24373	28112
1	屋外交流配电装置	3740		24373	28112
	合计	3740		24373	28112

表 6-22　　　　　　　　典型方案 XA3-4 其他费用估算表　　　　　　　金额单位:元

序号	工程或费用项目名称	编制依据及计算说明	合价
2	项目管理费		256
2.1	管理经费	(建筑修缮费+设备检修费)×1.24%	46
2.2	招标费	(建筑修缮费+设备检修费)×1.2%	45
2.3	工程监理费	(建筑修缮费+设备检修费)×4.4%	165
3	项目技术服务费		2388
3.1	前期工作费	(建筑修缮费+设备检修费)×2.53%	95

续表

序号	工程或费用项目名称	编制依据及计算说明	合价
3.2	工程勘察设计费		2122
3.2.2	设计费	设计费×100%	2122
3.3	设计文件评审费		155
3.3.1	初步设计文件评审费	设计费×3.5%	74
3.3.2	施工图文件评审费	设计费×3.8%	81
3.4	结算文件审核费	（建筑修缮费＋设备检修费）×0.44%	16
	合计		2644

6.4.4 典型方案电气设备材料表

典型方案 XA3-4 电气设备材料见表 6-23。

表 6-23　　　　典型方案 XA3-4 电气设备材料表

序号	设备或材料名称	单位	数量	备注
	安装工程			
一	配电装置			
1	66kV 隔离开关			
1.1	隔离开关配件			
500141814	继电器，中间继电器	个	3	
500139551	电动机，交流，10kW 以下	台	3	
500140496	配件隔离开关配件，隔离开关操动机构接点	个	3	
500140474	配件隔离开关配件，联锁机构	个	3	

6.4.5 典型方案工程量表

典型方案 XA3-4 工程量见表 6-24。

表 6-24　　　　典型方案 XA3-4 工程量表

序号	项目名称	单位	数量	备注
二	配电装置检修			
1	屋外交流配电装置			
调 XYD2-242 R×0.48 C×0.48 J×0.48	隔离开关分项解体检修　操动机构、 传动部件解体检修 110kV	组	1	
调 XYS1-75 R×0.88 C×0.88 J×0.88	户外隔离开关 110kV	组	1	

6.5 XA3-5 更换66kV双柱水平（V型）旋转隔离开关操动机构

6.5.1 典型方案主要内容

本典型方案为更换1组66kV双柱水平（V型）旋转隔离开关（三相为1组）操动机构，内容包括更换操动机构，更换隔离开关连杆，缺陷处理，隔离开关调试等。

6.5.2 典型方案主要技术条件

典型方案XA3-5主要技术条件见表6-25。

表6-25　　　　典型方案XA3-5主要技术条件

方案名称	工程主要技术条件	
更换66kV双柱水平（V型）旋转隔离开关操动机构	设备要求	66kV双柱式水平（V型）旋转隔离开关
	额定电压（kV）	66
	额定电流（A）	1250/2500/3150
	额定热稳定电流（kA）	40
	相数	3
	操动方式	三相联动
	有无接地开关	双接地
	安装场所	户外
	工作条件	环境温度-25~40℃
	海拔	1000m以下

6.5.3 典型方案估算书

估算投资为总投资，编制依据按第3章要求。典型方案XA3-5估算书包括总估算汇总表、设备检修专业汇总表、其他费用估算表，分别见表6-26~表6-28。

表6-26　　　　典型方案XA3-5总估算汇总表　　　　金额单位：万元

序号	工程或费用名称	含税金额	占合计总费用的比例（%）	不含税金额	可抵扣增值税金额
一	建筑修缮费				
二	设备检修费	0.08	1.38	0.07	0.01
三	配件购置费	5.62	96.73	4.97	0.65
	其中：编制基准期价差				
四	小计	5.7	98.11	5.04	0.66
五	其他费用	0.11	1.89	0.1	0.01

续表

序号	工程或费用名称	含税金额	占合计总费用的比例（%）	不含税金额	可抵扣增值税金额
六	基本预备费				
七	工程总费用合计	5.81	100	5.14	0.67
	其中：可抵扣增值税金额	0.67			0.67
	其中：施工费	0.08	1.38	0.07	0.01

表 6-27　　典型方案 XA3-5 设备检修专业汇总表　　金额单位：元

序号	工程或费用名称	设备检修费		配件购置费	合计
		检修费	未计价材料费		
	设备检修工程	765		56198	56963
一	配电装置检修	765		56198	56963
1	屋外交流配电装置	765		56198	56963
	合计	765		56198	56963

表 6-28　　典型方案 XA3-5 其他费用估算表　　金额单位：元

序号	工程或费用项目名称	编制依据及计算说明	合价
2	项目管理费		52
2.1	管理经费	（建筑修缮费+设备检修费）×1.24%	9
2.2	招标费	（建筑修缮费+设备检修费）×1.2%	9
2.3	工程监理费	（建筑修缮费+设备检修费）×4.4%	34
3	项目技术服务费		1096
3.1	前期工作费	（建筑修缮费+设备检修费）×2.53%	19
3.2	工程勘察设计费		1000
3.2.2	设计费	设计费×100%	1000
3.3	设计文件评审费		73
3.3.1	初步设计文件评审费	设计费×3.5%	35
3.3.2	施工图文件评审费	设计费×3.8%	38
3.4	结算文件审核费	（建筑修缮费+设备检修费）×0.44%	3
	合计		1148

6.5.4　典型方案电气设备材料表

典型方案 XA3-5 电气设备材料见表 6-29。

表6-29　　　　　　　　典型方案XA3-5电气设备材料表

序号	设备或材料名称	单位	数量	备注
	安装工程			
一	配电装置检修			
1	66kV隔离开关			
1.1	隔离开关配件			
500140471	隔离开关配件，隔离开关操动机构	个	3	根据设备型式确定机构数量
500140472	隔离开关配件，隔离开关连杆	个	3	根据设备型式确定连杆数量

6.5.5　典型方案工程量表

典型方案XA3-5工程量见表6-30。

表6-30　　　　　　　　典型方案XA3-5工程量表

序号	项目名称	单位	数量	备注
二	配电装置检修			
1	屋外交流配电装置			
调 XYD2-242 R×0.48 C×0.48 J×0.48	隔离开关分项解体检修　操动机构、传动部件解体检修　110kV	组	1	
调 XYS1-75 R×0.88 C×0.88 J×0.88	户外隔离开关　110kV	组	1	

6.6　XA3-6　更换66kV双柱水平（V型）旋转隔离开关导电部件

6.6.1　典型方案主要内容

本典型方案为更换1组66kV双柱水平（V型）旋转隔离开关（三相为1组）导电部件，内容包括更换隔离开关与接地开关触头及触头弹簧，更换导电杆，缺陷处理，隔离开关调试等。

6.6.2　典型方案主要技术条件

典型方案XA3-6主要技术条件见表6-31。

表 6-31　　　　　　　　　　典型方案 XA3-6 主要技术条件

方案名称	工程主要技术条件	
更换 66kV 双柱水平（V型）旋转隔离开关导电部件	设备要求	66kV 双柱式水平（V型）旋转隔离开关
	额定电压（kV）	66
	额定电流（A）	1250A/2500/3150A
	额定热稳定电流（kA）	40
	相数	3
	操动方式	三相联动
	有无接地开关	双接地
	安装场所	户外
	工作条件	环境温度 -25～40℃
	海拔	1000m 以下

6.6.3　典型方案估算书

估算投资为总投资，编制依据按第 3 章要求。典型方案 XA3-6 估算书包括总估算汇总表、设备检修专业汇总表、其他费用估算表，分别见表 6-32～表 6-34。

表 6-32　　　　　　　典型方案 XA3-6 总估算汇总表　　　　　　金额单位：万元

序号	工程或费用名称	含税金额	占合计总费用的比例（%）	不含税金额	可抵扣增值税金额
一	建筑修缮费				
二	设备检修费	0.37	8.45	0.34	0.03
三	配件购置费	3.67	83.79	3.25	0.42
	其中：编制基准期价差	0.01	0.23	0.01	
四	小计	4.04	92.24	3.59	0.45
五	其他费用	0.34	7.76	0.32	0.02
六	基本预备费				
七	工程总费用合计	4.38	100	3.91	0.47
	其中：可抵扣增值税金额	0.47			0.47
	其中：施工费	0.37	8.45	0.34	0.03

表 6-33　　　　　　　典型方案 XA3-6 设备检修专业汇总表　　　　　　金额单位：元

序号	工程或费用名称	设备检修费		配件购置费	合计
		检修费	未计价材料费		
	设备检修工程	3740		36664	40404
一	配电装置检修	3740		36664	40404

续表

序号	工程或费用名称	设备检修费		配件购置费	合计
		检修费	未计价材料费		
1	屋外交流配电装置	3740		36664	40404
	合计	3740		36664	40404

表6-34　　　　　　　　典型方案XA3-6其他费用估算表　　　　　　　金额单位：元

序号	工程或费用项目名称	编制依据及计算说明	合价
2	项目管理费		256
2.1	管理经费	（建筑修缮费+设备检修费）×1.24%	46
2.2	招标费	（建筑修缮费+设备检修费）×1.2%	45
2.3	工程监理费	（建筑修缮费+设备检修费）×4.4%	165
3	项目技术服务费		3141
3.1	前期工作费	（建筑修缮费+设备检修费）×2.53%	95
3.2	工程勘察设计费		2823
3.2.2	设计费	设计费×100%	2823
3.3	设计文件评审费		206
3.3.1	初步设计文件评审费	设计费×3.5%	99
3.3.2	施工图文件评审费	设计费×3.8%	107
3.4	结算文件审核费	（建筑修缮费+设备检修费）×0.44%	16
	合计		3396

6.6.4　典型方案电气设备材料表

典型方案XA3-6电气设备材料见表6-35。

表6-35　　　　　　　　典型方案XA3-6电气设备材料表

序号	设备或材料名称	单位	数量	备注
	安装工程			
一	配电装置检修			
1	66kV隔离开关			
1.1	隔离开关配件			
500140473	隔离开关配件，隔离开关触头	个	3	动触头
500140473	隔离开关配件，隔离开关触头	个	3	静触头
500140478	隔离开关配件，隔离开关导电杆	个	6	

6.6.5 典型方案工程量表

典型方案 XA3-6 工程量见表 6-36。

表 6-36 典型方案 XA3-6 工程量表

序号	项目名称	单位	数量	备注
二	配电装置检修			
1	屋外交流配电装置			
调 XYD2-242 R×0.48 C×0.48 J×0.48	隔离开关分项解体检修 操动机构、传动部件解体检修 110kV	组	1	
调 XYS1-75 R×0.88 C×0.88 J×0.88	户外隔离开关 110kV	组	1	

6.7 XA3-7 更换 110kV 双柱水平旋转隔离开关操动机构配件

6.7.1 典型方案主要内容

本典型方案为更换 1 组 110kV 双柱水平旋转隔离开关（三相为 1 组）操动机构配件，内容包括更换机构电机配件，更换联锁机构，更换辅助开关、继电器等二次元件，缺陷处理，隔离开关调试等。

6.7.2 典型方案主要技术条件

典型方案 XA3-7 主要技术条件见表 6-37。

表 6-37 典型方案 XA3-7 主要技术条件

方案名称	技术条件名称		典型参数
更换 110kV 双柱水平旋转隔离开关操动机构配件	额定电压（kV）		126
	额定电流（A）		3150
	额定频率（Hz）		50
	结构型式或型号		双柱水平/V 旋转式
	接地开关		不接地/单接地/双接地（可根据工程实际情况选用）
	操作方式		三相机械联动
	电动或手动		电动并可手动
	电动机电压（V）		AC220/AC380（可根据工程实际情况选用）
	控制电压（V）		AC220
	额定短时耐受电流及持续时间（kA/s）	隔离开关	40/3
		接地开关	40/3
	安装场所		户外

6.7.3 典型方案估算书

估算投资为总投资，编制依据按第 3 章要求。典型方案 XA3-7 估算书包括总估算汇总表、设备检修专业汇总表、其他费用估算表，分别见表 6-38～表 6-40。

表 6-38　　　　　　　　　典型方案 XA3-7 总估算汇总表　　　　　　金额单位：万元

序号	工程或费用名称	含税金额	占合计总费用的比例（%）	不含税金额	可抵扣增值税金额
一	建筑修缮费				
二	设备检修费	0.44	21.26	0.4	0.04
三	配件购置费	1.38	66.67	1.22	0.16
	其中：编制基准期价差	0.01	0.48	0.01	
四	小计	1.82	87.92	1.62	0.2
五	其他费用	0.25	12.08	0.24	0.01
六	基本预备费				
七	工程总费用合计	2.07	100	1.86	0.21
	其中：可抵扣增值税金额	0.21			0.21
	其中：施工费	0.44	21.26	0.4	0.04

表 6-39　　　　　　　典型方案 XA3-7 设备检修专业汇总表　　　　　　金额单位：元

序号	工程或费用名称	设备检修费		配件购置费	合计
		检修费	未计价材料费		
一	设备检修工程	4396		13824	18220
二	配电装置检修	4396		13824	18220
1	屋外交流配电装置	4396		13824	18220
	合计	4396		13824	18220

表 6-40　　　　　　　　典型方案 XA3-7 其他费用估算表　　　　　　金额单位：元

序号	工程或费用项目名称	编制依据及计算说明	合价
2	项目管理费		301
2.1	管理经费	（建筑修缮费+设备检修费）×1.24%	55
2.2	招标费	（建筑修缮费+设备检修费）×1.2%	53
2.3	工程监理费	（建筑修缮费+设备检修费）×4.4%	193
3	项目技术服务费		2187
3.1	前期工作费	（建筑修缮费+设备检修费）×2.53%	111
3.2	工程勘察设计费		1376

续表

序号	工程或费用项目名称	编制依据及计算说明	合价
3.2.2	设计费	设计费×100%	1376
3.3	设计文件评审费		100
3.3.1	初步设计文件评审费	设计费×3.5%	48
3.3.2	施工图文件评审费	设计费×3.8%	52
3.4	结算文件审核费	（建筑修缮费+设备检修费）×0.44%	600
	合计		2488

6.7.4 典型方案电气设备材料表

典型方案 XA3-7 电气设备材料见表 6-41。

表 6-41　　　　　典型方案 XA3-7 电气设备材料表

序号	设备或材料名称	单位	数量	备注
	安装工程			
一	配电装置			
1	110kV 双柱水平旋转隔离开关			
1.1	隔离开关配件			
500141814	继电器，中间继电器	个	3	
500134152	电机辅助配件，通用性型号	个	3	挂靠电动机编码
500140496	隔离开关配件，隔离开关操动机构接点	个	3	
500140474	隔离开关配件，联锁机构	个	3	

6.7.5 典型方案工程量表

典型方案 XA3-7 工程量见表 6-42。

表 6-42　　　　　典型方案 XA3-7 工程量表

序号	项目名称	单位	数量	备注
	设备检修工程			
二	配电装置检修			
1	屋外交流配电装置			
调 XYD2-242 R×0.6 C×0.6 J×0.6	隔离开关分项解体检修　操动机构、传动部件解体检修　110kV	组	1	
XYS1-75	户外隔离开关 110kV	组	1	

6.8 XA3-8 更换110kV双柱水平旋转隔离开关操动机构

6.8.1 典型方案主要内容

本典型方案为更换1组110kV双柱水平旋转隔离开关（三相为1组）操动机构，内容包括更换操动机构，更换隔离开关连杆，缺陷处理，隔离开关调试等。

6.8.2 典型方案主要技术条件

典型方案XA3-8主要技术条件见表6-43。

表6-43　　　　　　　　典型方案XA3-8主要技术条件

方案名称	技术条件名称		典型参数
更换110kV双柱水平旋转隔离开关操动机构	额定电压（kV）		126
	额定电流（A）		3150
	额定频率（Hz）		50
	结构型式或型号		双柱水平/V旋转式
	接地开关		不接地/单接地/双接地（可根据工程实际情况选用）
	操作方式		三相机械联动
	电动或手动		电动并可手动
	电动机电压（V）		AC220/AC380（可根据工程实际情况选用）
	控制电压（V）		AC220
	额定短时耐受电流及持续时间（kA/s）	隔离开关	40/3
		接地开关	40/3
	安装场所		户外

6.8.3 典型方案估算书

估算投资为总投资，编制依据按第3章要求。典型方案XA3-8估算书包括总估算汇总表、设备检修专业汇总表、其他费用估算表，分别见表6-44～表6-46。

表6-44　　　　　　典型方案XA3-8总估算汇总表　　　　　　金额单位：万元

序号	工程或费用名称	含税金额	占合计总费用的比例（%）	不含税金额	可抵扣增值税金额
一	建筑修缮费				
二	设备检修费	0.44	9.61	0.4	0.04
三	配件购置费	3.7	80.79	3.27	0.43
	其中：编制基准期价差	0.01	0.22	0.01	
四	小计	4.14	90.39	3.67	0.47

续表

序号	工程或费用名称	含税金额	占合计总费用的比例（%）	不含税金额	可抵扣增值税金额
五	其他费用	0.44	9.61	0.42	0.02
六	基本预备费				
七	工程总费用合计	4.58	100	4.09	0.49
	其中：可抵扣增值税金额	0.49			0.49
	其中：施工费	0.44	9.61	0.4	0.04

表 6-45　　　　　　　　典型方案 XA3-8 设备检修专业汇总表　　　　　　　金额单位：元

序号	工程或费用名称	设备检修费		配件购置费	合计
		检修费	未计价材料费		
	设备检修工程	4396		37001	41397
二	配电装置检修	4396		37001	41397
1	屋外交流配电装置	4396		37001	41397
	合计	4396		37001	41397

表 6-46　　　　　　　　典型方案 XA3-8 其他费用估算表　　　　　　　金额单位：元

序号	工程或费用项目名称	编制依据及计算说明	合价
2	项目管理费		301
2.1	管理经费	（建筑修缮费+设备检修费）×1.24%	55
2.2	招标费	（建筑修缮费+设备检修费）×1.2%	53
2.3	工程监理费	（建筑修缮费+设备检修费）×4.4%	193
3	项目技术服务费		4065
3.1	前期工作费	（建筑修缮费+设备检修费）×2.53%	111
3.2	工程勘察设计费		3125
3.2.2	设计费	设计费×100%	3125
3.3	设计文件评审费		228
3.3.1	初步设计文件评审费	设计费×3.5%	109
3.3.2	施工图文件评审费	设计费×3.8%	119
3.4	结算文件审核费	（建筑修缮费+设备检修费）×0.44%	600
	合计		4366

6.8.4 典型方案电气设备材料表

典型方案 XA3-8 电气设备材料见表 6-47。

表 6-47 典型方案 XA3-8 电气设备材料表

序号	设备或材料名称	单位	数量	备注
	安装工程			
一	配电装置			
1	110kV 双柱水平旋转隔离开关			
1.1	隔离开关配件			
500140471	隔离开关配件，隔离开关操动机构	个	3	
500140472	隔离开关配件，隔离开关连杆	个	3	

6.8.5 典型方案工程量表

典型方案 XA3-8 工程量见表 6-48。

表 6-48 典型方案 XA3-8 工程量表

序号	项目名称	单位	数量	备注
	设备检修工程			
二	配电装置检修			
1	屋外交流配电装置			
调 XYD2-242 R×0.6 C×0.6 J×0.6	隔离开关分项解体检修 操动机构、 传动部件解体检修 110kV	组	1	
XYS1-75	户外隔离开关 110kV	组	1	

6.9 XA3-9 更换110kV双柱水平旋转隔离开关导电部件

6.9.1 典型方案主要内容

本典型方案为更换 1 组 110kV 双柱水平旋转隔离开关（三相为 1 组）导电部件，内容包括更换隔离开关与接地开关触头及触头弹簧，更换导电杆，缺陷处理，隔离开关调试等。

6.9.2 典型方案主要技术条件

典型方案 XA3-9 主要技术条件见表 6-49。

表 6-49　　　　　　　　　典型方案 XA3-9 主要技术条件

方案名称	技术条件名称		典型参数
更换 110kV 双柱水平旋转隔离开关导电部件	额定电压（kV）		126
	额定电流（A）		3150
	额定频率（Hz）		50
	结构型式或型号		双柱水平/V 旋转式
	接地开关		不接地/单接地/双接地（可根据工程实际情况选用）
	操作方式		三相机械联动
	电动或手动		电动并可手动
	电动机电压（V）		AC220/AC380（可根据工程实际情况选用）
	控制电压（V）		AC220
	额定短时耐受电流及持续时间（kA/s）	隔离开关	40/3
		接地开关	40/3
	安装场所		户外

6.9.3　典型方案估算书

估算投资为总投资，编制依据按第 3 章要求。典型方案 XA3-9 估算书包括总估算汇总表、设备检修专业汇总表、其他费用估算表，分别见表 6-50～表 6-52。

表 6-50　　　　　　　典型方案 XA3-9 总估算汇总表　　　　　　　　金额单位：万元

序号	工程或费用名称	含税金额	占合计总费用的比例（%）	不含税金额	可抵扣增值税金额
一	建筑修缮费				
二	设备检修费	0.45	7.87	0.41	0.04
三	配件购置费	4.81	84.09	4.26	0.55
	其中：编制基准期价差	0.01	0.17	0.01	
四	小计	5.26	91.96	4.67	0.59
五	其他费用	0.46	8.04	0.43	0.03
六	基本预备费				
七	工程总费用合计	5.72	100	5.1	0.62
	其中：可抵扣增值税金额	0.62			0.62
	其中：施工费	0.45	7.87	0.41	0.04

表 6-51　　　　　　典型方案 XA3-9 设备检修专业汇总表　　　　　　金额单位：元

序号	工程或费用名称	设备检修费		配件购置费	合计
		检修费	未计价材料费		
一	设备检修工程	4464		48084	52548
二	配电装置检修	4464		48084	52548
1	屋外交流配电装置	4464		48084	52548
	合计	4464		48084	52548

表 6-52　　　　　　典型方案 XA3-9 其他费用估算表　　　　　　金额单位：元

序号	工程或费用项目名称	编制依据及计算说明	合价
2	项目管理费		305
2.1	管理经费	（建筑修缮费＋设备检修费）×1.24%	55
2.2	招标费	（建筑修缮费＋设备检修费）×1.2%	54
2.3	工程监理费	（建筑修缮费＋设备检修费）×4.4%	196
3	项目技术服务费		4329
3.1	前期工作费	（建筑修缮费＋设备检修费）×2.53%	113
3.2	工程勘察设计费		3370
3.2.2	设计费	设计费×100%	3370
3.3	设计文件评审费		246
3.3.1	初步设计文件评审费	设计费×3.5%	118
3.3.2	施工图文件评审费	设计费×3.8%	128
3.4	结算文件审核费	（建筑修缮费＋设备检修费）×0.44%	600
	合计		4635

6.9.4　典型方案电气设备材料表

典型方案 XA3-9 电气设备材料见表 6-53。

表 6-53　　　　　　典型方案 XA3-9 电气设备材料表

序号	设备或材料名称	单位	数量	备注
	安装工程			
一	配电装置			
1	110kV 双柱水平旋转隔离开关			
1.1	隔离开关配件			
500140473	隔离开关配件，隔离开关触头	个	3	动触头
500140473	隔离开关配件，隔离开关触头	个	3	静触头
500140478	隔离开关配件，隔离开关导电杆	个	6	

6.9.5 典型方案工程量表

典型方案 XA3-9 工程量见表 6-54。

表 6-54　　　　　　　　典型方案 XA3-9 工程量表

序号	项目名称	单位	数量	备注
一	设备检修工程			
二	配电装置检修			
1	屋外交流配电装置			
XYD2-234	隔离开关分项解体检修　导电部件检修 110kV	组	1	
XYS1-75	户外隔离开关 110kV	组	1	

6.10　XA3-10　更换 110kV 单柱垂直伸缩隔离开关操动机构配件

6.10.1　典型方案主要内容

本典型方案为更换 1 组 110kV 单柱垂直伸缩隔离开关（三相为 1 组）操动机构配件，内容包括更换机构电机配件，更换联锁机构，更换辅助开关、继电器等二次元件，缺陷处理，隔离开关调试等。

6.10.2　典型方案主要技术条件

典型方案 XA3-10 主要技术条件见表 6-55。

表 6-55　　　　　　　　典型方案 XA3-10 主要技术条件

方案名称	技术条件名称		典型参数
更换 110kV 单柱垂直伸缩隔离开关操动机构配件	额定电压（kV）		110
	额定电流（A）		3150
	额定频率（Hz）		40
	结构型式或型号		单柱垂直伸缩
	接地开关		不接地/单接地（可根据工程实际情况选用）
	操作方式		三相机械联动
	电动或手动		电动并可手动
	电动机电压（V）		AC220/AC380（可根据工程实际情况选用）
	控制电压（V）		AC220
	额定短时耐受电流及持续时间（kA/s）	隔离开关	63/2
		接地开关	63/2
	断口间最小安全净距（mm）		4550
	安装场所		户外

6.10.3 典型方案估算书

估算投资为总投资,编制依据按第 3 章要求。典型方案 XA3-10 估算书包括总估算汇总表、设备检修专业汇总表、其他费用估算表,分别见表 6-56~表 6-58。

表 6-56　　　　　　　典型方案 XA3-10 总估算汇总表　　　　　金额单位:万元

序号	工程或费用名称	含税金额	占合计总费用的比例(%)	不含税金额	可抵扣增值税金额
一	建筑修缮费				
二	设备检修费	0.44	21.26	0.4	0.04
三	配件购置费	1.38	66.67	1.22	0.16
	其中:编制基准期价差	0.01	0.48	0.01	
四	小计	1.82	87.92	1.62	0.2
五	其他费用	0.25	12.08	0.24	0.01
六	基本预备费				
七	工程总费用合计	2.07	100	1.86	0.21
	其中:可抵扣增值税金额	0.21			0.21
	其中:施工费	0.44	21.26	0.4	0.04

表 6-57　　　　　　典型方案 XA3-10 设备检修专业汇总表　　　　　金额单位:元

序号	工程或费用名称	设备检修费		配件购置费	合计
		检修费	未计价材料费		
一	设备检修工程	4396		13824	18220
二	配电装置检修	4396		13824	18220
1	屋外交流配电装置	4396		13824	18220
	合计	4396		13824	18220

表 6-58　　　　　　　典型方案 XA3-10 其他费用估算表　　　　　金额单位:元

序号	工程或费用项目名称	编制依据及计算说明	合价
2	项目管理费		301
2.1	管理经费	(建筑修缮费+设备检修费)×1.24%	55
2.2	招标费	(建筑修缮费+设备检修费)×1.2%	53
2.3	工程监理费	(建筑修缮费+设备检修费)×4.4%	193
3	项目技术服务费		2187
3.1	前期工作费	(建筑修缮费+设备检修费)×2.53%	111
3.2	工程勘察设计费		1376

续表

序号	工程或费用项目名称	编制依据及计算说明	合价
3.2.2	设计费	设计费×100%	1376
3.3	设计文件评审费		100
3.3.1	初步设计文件评审费	设计费×3.5%	48
3.3.2	施工图文件评审费	设计费×3.8%	52
3.4	结算文件审核费	（建筑修缮费＋设备检修费）×0.44%	600
	合计		2488

6.10.4 典型方案电气设备材料表

典型方案 XA3-10 电气设备材料见表 6-59。

表 6-59　　　　　　典型方案 XA3-10 电气设备材料表

序号	设备或材料名称	单位	数量	备注
	安装工程			
一	配电装置			
1	110kV 三相隔离开关电动单柱垂直伸缩			
1.1	隔离开关配件			
500141814	继电器，中间继电器	个	3	
500134152	电机辅助配件，通用性型号	个	3	挂靠电动机编码
500140496	隔离开关配件，隔离开关操动机构接点	个	3	
500140474	隔离开关配件，联锁机构	个	3	

6.10.5 典型方案工程量表

典型方案 XA3-10 工程量见表 6-60。

表 6-60　　　　　　典型方案 XA3-10 工程量表

序号	项目名称	单位	数量	备注
	设备检修工程			
二	配电装置检修			
1	屋外交流配电装置			
调 XYD2-242 R×0.6 C×0.6 J×0.6	隔离开关分项解体检修　操动机构、传动部件解体检修 110kV	组	1	
XYS1-75	户外隔离开关 110kV	组	1	

6.11 XA3-11 更换110kV单柱垂直伸缩隔离开关操动机构

6.11.1 典型方案主要内容

本典型方案为更换1组110kV单柱垂直伸缩隔离开关（三相为1组）操动机构，内容包括更换操动机构，更换隔离开关连杆，缺陷处理，隔离开关调试等。

6.11.2 典型方案主要技术条件

典型方案XA3-11主要技术条件见表6-61。

表6-61　　　　　　　　典型方案XA3-11主要技术条件

方案名称	技术条件名称		典型参数
更换110kV单柱垂直伸缩隔离开关操动机构	额定电压（kV）		110
	额定电流（A）		3150
	额定频率（Hz）		40
	结构型式或型号		单柱垂直伸缩
	接地开关		不接地/单接地（可根据工程实际情况选用）
	操作方式		三相机械联动
	电动或手动		电动并可手动
	电动机电压（V）		AC220/AC380（可根据工程实际情况选用）
	控制电压（V）		AC220
	额定短时耐受电流及持续时间（kA/s）	隔离开关	63/2
		接地开关	63/2
	断口间最小安全净距（mm）		4550
	安装场所		户外

6.11.3 典型方案估算书

估算投资为总投资，编制依据按第3章要求。典型方案XA3-11估算书包括总估算汇总表、设备检修专业汇总表、其他费用估算表，分别见表6-62~表6-64。

表6-62　　　　　　　典型方案XA3-11总估算汇总表　　　　　　　金额单位：万元

序号	工程或费用名称	含税金额	占合计总费用的比例（%）	不含税金额	可抵扣增值税金额
一	建筑修缮费				
二	设备检修费	0.44	9.61	0.4	0.04
三	配件购置费	3.7	80.79	3.27	0.43
	其中：编制基准期价差	0.01	0.22	0.01	

续表

序号	工程或费用名称	含税金额	占合计总费用的比例（%）	不含税金额	可抵扣增值税金额
四	小计	4.14	90.39	3.67	0.47
五	其他费用	0.44	9.61	0.42	0.02
六	基本预备费				
七	工程总费用合计	4.58	100	4.09	0.49
	其中：可抵扣增值税金额	0.49			0.49
	其中：施工费	0.44	9.61	0.4	0.04

表6-63　　　　　　　典型方案 XA3-11 设备检修专业汇总表　　　　　金额单位：元

序号	工程或费用名称	设备检修费		配件购置费	合计
		检修费	未计价材料费		
一	设备检修工程	4396		37001	41397
二	配电装置检修	4396		37001	41397
1	屋外交流配电装置	4396		37001	41397
	合计	4396		37001	41397

表6-64　　　　　　　典型方案 XA3-11 其他费用估算表　　　　　　金额单位：元

序号	工程或费用项目名称	编制依据及计算说明	合价
2	项目管理费		301
2.1	管理经费	（建筑修缮费+设备检修费）×1.24%	55
2.2	招标费	（建筑修缮费+设备检修费）×1.2%	53
2.3	工程监理费	（建筑修缮费+设备检修费）×4.4%	193
3	项目技术服务费		4065
3.1	前期工作费	（建筑修缮费+设备检修费）×2.53%	111
3.2	工程勘察设计费		3125
3.2.2	设计费	设计费×100%	3125
3.3	设计文件评审费		228
3.3.1	初步设计文件评审费	设计费×3.5%	109
3.3.2	施工图文件评审费	设计费×3.8%	119
3.4	结算文件审核费	（建筑修缮费+设备检修费）×0.44%	600
	合计		4366

6.11.4 典型方案电气设备材料表

典型方案 XA3-11 电气设备材料见表 6-65。

表 6-65 典型方案 XA3-11 电气设备材料表

序号	设备或材料名称	单位	数量	备注
	安装工程			
一	配电装置			
1	110kV 三相隔离开关电动单柱垂直伸缩			
1.1	隔离开关配件			
500140471	隔离开关配件,隔离开关操动机构	个	3	
500140472	隔离开关配件,隔离开关连杆	个	3	

6.11.5 典型方案工程量表

典型方案 XA3-11 工程量见表 6-66。

表 6-66 典型方案 XA3-11 工程量表

序号	项目名称	单位	数量	备注
	设备检修工程			
二	配电装置检修			
1	屋外交流配电装置			
调 XYD2-242 R×0.6 C×0.6 J×0.6	隔离开关分项解体检修 操动机构、 传动部件解体检修 110kV	组	1	
XYS1-75	户外隔离开关 110kV	组	1	

6.12 XA3-12 更换 110kV 单柱垂直伸缩隔离开关导电部件

6.12.1 典型方案主要内容

本典型方案为更换 1 组 110kV 单柱垂直伸缩隔离开关(三相为 1 组)导电部件,内容包括更换隔离开关与接地开关触头及触头弹簧,更换导电杆,缺陷处理,隔离开关调试等。

6.12.2 典型方案主要技术条件

典型方案 XA3-12 主要技术条件见表 6-67。

表 6-67　　　　　　　　　典型方案 XA3-12 主要技术条件

方案名称	技术条件名称		典型参数
更换 110kV 单柱垂直伸缩隔离开关导电部件	额定电压（kV）		110
	额定电流（A）		3150
	额定频率（Hz）		40
	结构型式或型号		单柱垂直伸缩
	接地开关		不接地/单接地（可根据工程实际情况选用）
	操作方式		三相机械联动
	电动或手动		电动并可手动
	电动机电压（V）		AC220/AC380（可根据工程实际情况选用）
	控制电压（V）		AC220
	额定短时耐受电流及持续时间（kA/s）	隔离开关	63/2
		接地开关	63/2
	断口间最小安全净距（mm）		4550
	安装场所		户外

6.12.3　典型方案估算书

估算投资为总投资，编制依据按第 3 章要求。典型方案 XA3-12 估算书包括总估算汇总表、设备检修专业汇总表、其他费用估算表，分别见表 6-68～表 6-70。

表 6-68　　　　　　　典型方案 XA3-12 总估算汇总表　　　　　　　金额单位：万元

序号	工程或费用名称	含税金额	占合计总费用的比例（%）	不含税金额	可抵扣增值税金额
一	建筑修缮费				
二	设备检修费	0.45	7.55	0.41	0.04
三	配件购置费	5.05	84.73	4.47	0.58
	其中：编制基准期价差	0.01	0.17	0.01	
四	小计	5.5	92.28	4.88	0.62
五	其他费用	0.46	7.72	0.43	0.03
六	基本预备费				
七	工程总费用合计	5.96	100	5.31	0.65
	其中：可抵扣增值税金额	0.65			0.65
	其中：施工费	0.45	7.55	0.41	0.04

表 6-69　　　　　　　典型方案 XA3-12 设备检修专业汇总表　　　　　　金额单位：元

序号	工程或费用名称	设备检修费		配件购置费	合计
		检修费	未计价材料费		
一	设备检修工程	4464		50488	54952
二	配电装置检修	4464		50488	54952
1	屋外交流配电装置	4464		50488	54952
	合计	4464		50488	54952

表 6-70　　　　　　　典型方案 XA3-12 其他费用估算表　　　　　　　金额单位：元

序号	工程或费用项目名称	编制依据及计算说明	合价
2	项目管理费		305
2.1	管理经费	（建筑修缮费+设备检修费）×1.24%	55
2.2	招标费	（建筑修缮费+设备检修费）×1.2%	54
2.3	工程监理费	（建筑修缮费+设备检修费）×4.4%	196
3	项目技术服务费		4329
3.1	前期工作费	（建筑修缮费+设备检修费）×2.53%	113
3.2	工程勘察设计费		3370
3.2.2	设计费	设计费×100%	3370
3.3	设计文件评审费		246
3.3.1	初步设计文件评审费	设计费×3.5%	118
3.3.2	施工图文件评审费	设计费×3.8%	128
3.4	结算文件审核费	（建筑修缮费+设备检修费）×0.44%	600
	合计		4635

6.12.4　典型方案电气设备材料表

典型方案 XA3-12 电气设备材料见表 6-71。

表 6-71　　　　　　　　　典型方案 XA3-12 电气设备材料表

序号	设备或材料名称	单位	数量	备注
	安装工程			
一	配电装置			
1	110kV 三相隔离开关电动单柱垂直伸缩			
1.1	隔离开关配件			
500140473	隔离开关配件，隔离开关触头	个	3	动触头
500140473	隔离开关配件，隔离开关触头	个	3	静触头
500140478	隔离开关配件，隔离开关导电杆	个	3	

6.12.5 典型方案工程量表

典型方案 XA3-12 工程量见表 6-72。

表 6-72　　　　　　　典型方案 XA3-12 工程量表

序号	项目名称	单位	数量	备注
	设备检修工程			
二	配电装置检修			
1	屋外交流配电装置			
XYD2-234	隔离开关分项解体检修　导电部件检修 110kV	组	1	
XYS1-75	户外隔离开关 110kV	组	1	

6.13　XA3-13　更换 220kV 三柱水平旋转隔离开关操动机构配件

6.13.1 典型方案主要内容

本典型方案为更换 1 组 220kV 三柱水平旋转隔离开关（三相为 1 组）操动机构配件，内容包括更换机构电机配件，更换联锁机构，更换辅助开关、继电器等二次元件，缺陷处理，隔离开关调试等。

6.13.2 典型方案主要技术条件

典型方案 XA3-13 主要技术条件见表 6-73。

表 6-73　　　　　　　典型方案 XA3-13 主要技术条件

方案名称	技术条件名称		典型参数
更换 220kV 三柱水平旋转隔离开关操动机构配件	额定电压（kV）		252
	额定电流（A）		5000
	额定频率（Hz）		50
	结构型式或型号		三柱水平旋转
	接地开关		双接地/单接地/不接地（可根据工程实际情况选用）
	操作方式		三相电气联动
	电动或手动		电动并可手动
	电动机电压（V）		AC220/AC380（可根据工程实际情况选用）
	控制电压（V）		AC220
	额定短时耐受电流及持续时间（kA/s）	隔离开关	63/3
		接地开关	63/3
	安装场所		户外

6.13.3 典型方案估算书

估算投资为总投资,编制依据按第 3 章要求。典型方案 XA3-13 估算书包括总估算汇总表、设备检修专业汇总表、其他费用估算表,分别见表 6-74～表 6-76。

表 6-74　　　　　　　　典型方案 XA3-13 总估算汇总表　　　　　　金额单位:万元

序号	工程或费用名称	含税金额	占合计总费用的比例(%)	不含税金额	可抵扣增值税金额
一	建筑修缮费				
二	设备检修费	0.82	32.67	0.75	0.07
三	配件购置费	1.38	54.98	1.22	0.16
	其中:编制基准期价差	0.03	1.2	0.03	
四	小计	2.2	87.65	1.97	0.23
五	其他费用	0.31	12.35	0.29	0.02
六	基本预备费				
七	工程总费用合计	2.51	100	2.26	0.25
	其中:可抵扣增值税金额	0.25			0.25
	其中:施工费	0.82	32.67	0.75	0.07

表 6-75　　　　　　　典型方案 XA3-13 设备检修专业汇总表　　　　　　金额单位:元

序号	工程或费用名称	设备检修费		配件购置费	合计
		检修费	未计价材料费		
	设备检修工程	8150		13824	21975
二	配电装置检修	8150		13824	21975
1	屋外交流配电装置	8150		13824	21975
	合计	8150		13824	21975

表 6-76　　　　　　　　典型方案 XA3-13 其他费用估算表　　　　　　金额单位:元

序号	工程或费用项目名称	编制依据及计算说明	合价
2	项目管理费		557
2.1	管理经费	(建筑修缮费+设备检修费)×1.24%	101
2.2	招标费	(建筑修缮费+设备检修费)×1.2%	98
2.3	工程监理费	(建筑修缮费+设备检修费)×4.4%	359
3	项目技术服务费		2586
3.1	前期工作费	(建筑修缮费+设备检修费)×2.53%	206
3.2	工程勘察设计费		1659

续表

序号	工程或费用项目名称	编制依据及计算说明	合价
3.2.2	设计费	设计费×100%	1659
3.3	设计文件评审费		121
3.3.1	初步设计文件评审费	设计费×3.5%	58
3.3.2	施工图文件评审费	设计费×3.8%	63
3.4	结算文件审核费	（建筑修缮费+设备检修费）×0.44%	600
	合计		3144

6.13.4 典型方案电气设备材料表

典型方案 XA3-13 电气设备材料见表 6-77。

表 6-77　　　　典型方案 XA3-13 电气设备材料表

序号	设备或材料名称	单位	数量	备注
	安装工程			
一	配电装置			
1	220kV 三柱水平旋转隔离开关			
1.1	隔离开关配件			
500141814	继电器，中间继电器	个	3	
500134152	电机辅助配件，通用性型号	个	3	挂靠电动机编码
500140496	隔离开关配件，隔离开关操动机构接点	个	3	
500140474	隔离开关配件，联锁机构	个	3	

6.13.5 典型方案工程量表

典型方案 XA3-13 工程量见表 6-78。

表 6-78　　　　典型方案 XA3-13 工程量表

序号	项目名称	单位	数量	备注
	设备检修工程			
二	配电装置检修			
1	屋外交流配电装置			
调 XYD2-243 R×0.6 C×0.6 J×0.6	隔离开关分项解体检修　操动机构、传动部件解体检修 220kV	组	1	
XYS1-76	户外隔离开关 220kV	组	1	

6.14 XA3-14 更换220kV三柱水平旋转隔离开关操动机构

6.14.1 典型方案主要内容

本典型方案为更换1组220kV三柱水平旋转隔离开关（三相为1组）操动机构，内容包括更换操动机构，更换隔离开关连杆，缺陷处理，隔离开关调试等。

6.14.2 典型方案主要技术条件

典型方案XA3-14主要技术条件见表6-79。

表6-79　　　　　　　典型方案XA3-14主要技术条件

方案名称	技术条件名称		典型参数
更换220kV三柱水平旋转隔离开关操动机构	额定电压（kV）		252
	额定电流（A）		5000
	额定频率（Hz）		50
	结构型式或型号		三柱水平旋转
	接地开关		双接地/单接地/不接地（可根据工程实际情况选用）
	操作方式		三相电气联动
	电动或手动		电动并可手动
	电动机电压（V）		AC220/AC380（可根据工程实际情况选用）
	控制电压（V）		AC220
	额定短时耐受电流及持续时间（kA/s）	隔离开关	63/3
		接地开关	63/3
	安装场所		户外

6.14.3 典型方案估算书

估算投资为总投资，编制依据按第3章要求。典型方案XA3-14估算书包括总估算汇总表、设备检修专业汇总表、其他费用估算表，分别见表6-80～表6-82。

表6-80　　　　　典型方案XA3-14总估算汇总表　　　　　金额单位：万元

序号	工程或费用名称	含税金额	占合计总费用的比例（%）	不含税金额	可抵扣增值税金额
一	建筑修缮费				
二	设备检修费	0.82	14.36	0.75	0.07
三	配件购置费	4.34	76.01	3.84	0.5
	其中：编制基准期价差	0.03	0.53	0.03	
四	小计	5.16	90.37	4.59	0.57

续表

序号	工程或费用名称	含税金额	占合计总费用的比例（%）	不含税金额	可抵扣增值税金额
五	其他费用	0.55	9.63	0.52	0.03
六	基本预备费				
七	工程总费用合计	5.71	100	5.11	0.6
	其中：可抵扣增值税金额	0.6			0.6
	其中：施工费	0.82	14.36	0.75	0.07

表 6-81　　　　典型方案 XA3-14 设备检修专业汇总表　　　　金额单位：元

序号	工程或费用名称	设备检修费		配件购置费	合计
		检修费	未计价材料费		
	设备检修工程	8150		43444	51594
二	配电装置检修	8150		43444	51594
1	屋外交流配电装置	8150		43444	51594
	合计	8150		43444	51594

表 6-82　　　　典型方案 XA3-14 其他费用估算表　　　　金额单位：元

序号	工程或费用项目名称	编制依据及计算说明	合价
2	项目管理费		557
2.1	管理经费	（建筑修缮费+设备检修费）×1.24%	101
2.2	招标费	（建筑修缮费+设备检修费）×1.2%	98
2.3	工程监理费	（建筑修缮费+设备检修费）×4.4%	359
3	项目技术服务费		4986
3.1	前期工作费	（建筑修缮费+设备检修费）×2.53%	206
3.2	工程勘察设计费		3895
3.2.2	设计费	设计费×100%	3895
3.3	设计文件评审费		284
3.3.1	初步设计文件评审费	设计费×3.5%	136
3.3.2	施工图文件评审费	设计费×3.8%	148
3.4	结算文件审核费	（建筑修缮费+设备检修费）×0.44%	600
	合计		5543

6.14.4 典型方案电气设备材料表

典型方案 XA3-14 电气设备材料见表 6-83。

表 6-83　　　　　典型方案 XA3-14 电气设备材料表

序号	设备或材料名称	单位	数量	备注
	安装工程			
一	配电装置			
1	220kV 三柱水平旋转隔离开关			
1.1	隔离开关配件			
500140471	隔离开关配件，隔离开关操动机构	个	3	
500140472	隔离开关配件，隔离开关连杆	个	3	

6.14.5 典型方案工程量表

典型方案 XA3-14 工程量见表 6-84。

表 6-84　　　　　典型方案 XA3-14 工程量表

序号	项目名称	单位	数量	备注
	设备检修工程			
二	配电装置检修			
1	屋外交流配电装置			
调 XYD2-243 R×0.6 C×0.6 J×0.6	隔离开关分项解体检修　操动机构、传动部件解体检修 220kV	组	1	
XYS1-76	户外隔离开关 220kV	组	1	

6.15　XA3-15　更换 220kV 三柱水平旋转隔离开关导电部件

6.15.1 典型方案主要内容

本典型方案为更换 1 组 220kV 三柱水平旋转隔离开关（三相为 1 组）导电部件，内容包括更换隔离开关与接地开关触头及触头弹簧，更换导电杆，缺陷处理，隔离开关调试等。

6.15.2 典型方案主要技术条件

典型方案 XA3-15 主要技术条件见表 6-85。

表6-85　　　　　　　　　典型方案XA3-15主要技术条件

方案名称	技术条件名称		典型参数
更换220kV三柱水平旋转隔离开关导电部件	额定电压（kV）		252
	额定电流（A）		5000
	额定频率（Hz）		50
	结构型式或型号		三柱水平旋转
	接地开关		双接地/单接地/不接地（可根据工程实际情况选用）
	操作方式		三相电气联动
	电动或手动		电动并可手动
	电动机电压（V）		AC220/AC380（可根据工程实际情况选用）
	控制电压（V）		AC220
	额定短时耐受电流及持续时间（kA/s）	隔离开关	63/3
		接地开关	63/3
	安装场所		户外

6.15.3　典型方案估算书

估算投资为总投资，编制依据按第3章要求。典型方案XA3-15估算书包括总估算汇总表、设备检修专业汇总表、其他费用估算表，分别见表6-86～表6-88。

表6-86　　　　　　典型方案XA3-15总估算汇总表　　　　　　金额单位：万元

序号	工程或费用名称	含税金额	占合计总费用的比例（%）	不含税金额	可抵扣增值税金额
一	建筑修缮费				
二	设备检修费	0.85	7.52	0.78	0.07
三	配件购置费	9.62	85.13	8.51	1.11
	其中：编制基准期价差	0.03	0.27	0.03	
四	小计	10.47	92.65	9.29	1.18
五	其他费用	0.83	7.35	0.78	0.05
六	基本预备费				
七	工程总费用合计	11.3	100	10.07	1.23
	其中：可抵扣增值税金额	1.23			1.23
	其中：施工费	0.85	7.52	0.78	0.07

表 6-87　　　　　　　　典型方案 XA3-15 设备检修专业汇总表　　　　　　　金额单位：元

序号	工程或费用名称	设备检修费		配件购置费	合计
		检修费	未计价材料费		
一	设备检修工程	8489		96168	104657
二	配电装置检修	8489		96168	104657
1	屋外交流配电装置	8489		96168	104657
	合计	8489		96168	104657

表 6-88　　　　　　　　典型方案 XA3-15 其他费用估算表　　　　　　　　金额单位：元

序号	工程或费用项目名称	编制依据及计算说明	合价
2	项目管理费		581
2.1	管理经费	（建筑修缮费+设备检修费）×1.24%	105
2.2	招标费	（建筑修缮费+设备检修费）×1.2%	102
2.3	工程监理费	（建筑修缮费+设备检修费）×4.4%	374
3	项目技术服务费		7691
3.1	前期工作费	（建筑修缮费+设备检修费）×2.53%	215
3.2	工程勘察设计费		6409
3.2.2	设计费	设计费×100%	6409
3.3	设计文件评审费		468
3.3.1	初步设计文件评审费	设计费×3.5%	224
3.3.2	施工图文件评审费	设计费×3.8%	244
3.4	结算文件审核费	（建筑修缮费+设备检修费）×0.44%	600
	合计		8272

6.15.4　典型方案电气设备材料表

典型方案 XA3-15 电气设备材料见表 6-89。

表 6-89　　　　　　　　　　典型方案 XA3-15 电气设备材料表

序号	设备或材料名称	单位	数量	备注
	安装工程			
一	配电装置			
1	220kV 三柱水平旋转隔离开关			
1.1	隔离开关配件			
500140473	隔离开关配件，隔离开关触头	个	3	动触头
500140473	隔离开关配件，隔离开关触头	个	3	静触头
500140478	隔离开关配件，隔离开关导电杆	个	6	

6.15.5 典型方案工程量表

典型方案 XA3-15 工程量见表 6-90。

表 6-90   典型方案 XA3-15 工程量表

序号	项目名称	单位	数量	备注
	设备检修工程			
二	配电装置检修			
1	屋外交流配电装置			
XYD2-235	隔离开关分项解体检修 导电部件检修 220kV	组	1	
XYS1-76	户外隔离开关 220kV	组	1	

6.16 XA3-16 更换 220kV 双柱水平伸缩隔离开关操动机构配件

6.16.1 典型方案主要内容

本典型方案为更换 1 组 220kV 双柱水平伸缩隔离开关（三相为 1 组）操动机构配件，内容包括更换机构电机配件，更换联锁机构，更换辅助开关、继电器等二次元件，缺陷处理，隔离开关调试等。

6.16.2 典型方案主要技术条件

典型方案 XA3-16 主要技术条件见表 6-91。

表 6-91   典型方案 XA3-16 主要技术条件

方案名称	技术条件名称		典型参数
更换 220kV 双柱水平伸缩隔离开关操动机构配件	额定电压（kV）		252
	额定电流（A）		4000
	额定频率（Hz）		50
	结构型式或型号		双柱水平伸缩
	接地开关		双接地/单接地/不接地（可根据工程实际情况选用）
	操作方式		三相电气联动
	电动或手动		电动并可手动
	电动机电压（V）		AC220/AC380（可根据工程实际情况选用）
	控制电压（V）		AC220
	额定短时耐受电流及持续时间（kA/s）	隔离开关	50/3
		接地开关	50/3
	安装场所		户外

6.16.3 典型方案估算书

估算投资为总投资,编制依据按第3章要求。典型方案XA3-16估算书包括总估算汇总表、设备检修专业汇总表、其他费用估算表,分别见表6-92~表6-94。

表6-92　　　　　典型方案XA3-16总估算汇总表　　　　　金额单位:万元

序号	工程或费用名称	含税金额	占合计总费用的比例(%)	不含税金额	可抵扣增值税金额
一	建筑修缮费				
二	设备检修费	0.82	32.67	0.75	0.07
三	配件购置费	1.38	54.98	1.22	0.16
	其中:编制基准期价差	0.03	1.2	0.03	
四	小计	2.2	87.65	1.97	0.23
五	其他费用	0.31	12.35	0.29	0.02
六	基本预备费				
七	工程总费用合计	2.51	100	2.26	0.25
	其中:可抵扣增值税金额	0.25			0.25
	其中:施工费	0.82	32.67	0.75	0.07

表6-93　　　　　典型方案XA3-16设备检修专业汇总表　　　　　金额单位:元

序号	工程或费用名称	设备检修费		配件购置费	合计
		检修费	未计价材料费		
一	设备检修工程	8150		13824	21975
二	配电装置检修	8150		13824	21975
1	屋外交流配电装置	8150		13824	21975
	合计	8150		13824	21975

表6-94　　　　　典型方案XA3-16其他费用估算表　　　　　金额单位:元

序号	工程或费用项目名称	编制依据及计算说明	合价
2	项目管理费		557
2.1	管理经费	(建筑修缮费+设备检修费)×1.24%	101
2.2	招标费	(建筑修缮费+设备检修费)×1.2%	98
2.3	工程监理费	(建筑修缮费+设备检修费)×4.4%	359
3	项目技术服务费		2586
3.1	前期工作费	(建筑修缮费+设备检修费)×2.53%	206
3.2	工程勘察设计费		1659

续表

序号	工程或费用项目名称	编制依据及计算说明	合价
3.2.2	设计费	设计费×100%	1659
3.3	设计文件评审费		121
3.3.1	初步设计文件评审费	设计费×3.5%	58
3.3.2	施工图文件评审费	设计费×3.8%	63
3.4	结算文件审核费	（建筑修缮费+设备检修费）×0.44%	600
	合计		3144

6.16.4 典型方案电气设备材料表

典型方案 XA3-16 电气设备材料见表 6-95。

表 6-95　　　　典型方案 XA3-16 电气设备材料表

序号	设备或材料名称	单位	数量	备注
	安装工程			
一	配电装置			
1	220kV 双柱水平伸缩隔离开关			
1.1	隔离开关配件			
500141814	继电器，中间继电器	个	3	
500134152	电机辅助配件，通用性型号	个	3	挂靠电动机编码
500140496	隔离开关配件，隔离开关操动机构接点	个	3	
500140474	隔离开关配件，联锁机构	个	3	

6.16.5 典型方案工程量表

典型方案 XA3-16 工程量见表 6-96。

表 6-96　　　　典型方案 XA3-16 工程量表

序号	项目名称	单位	数量	备注
	设备检修工程			
二	配电装置检修			
1	屋外交流配电装置			
调 XYD2-243 R×0.6 C×0.6 J×0.6	隔离开关分项解体检修　操动机构、传动部件解体检修 220kV	组	1	
XYS1-76	户外隔离开关 220kV	组	1	

6.17　XA3-17　更换220kV双柱水平伸缩隔离开关操动机构

6.17.1　典型方案主要内容

本典型方案为更换1组220kV双柱水平伸缩隔离开关（三相为1组）操动机构，内容包括更换操动机构，更换隔离开关连杆，缺陷处理，隔离开关调试等。

6.17.2　典型方案主要技术条件

典型方案XA3-17主要技术条件见表6-97。

表6-97　典型方案XA3-17主要技术条件

方案名称	技术条件名称		典型参数
更换220kV双柱水平伸缩隔离开关操动机构	额定电压（kV）		252
	额定电流（A）		4000
	额定频率（Hz）		50
	结构型式或型号		双柱水平伸缩
	接地开关		双接地/单接地/不接地（可根据工程实际情况选用）
	操作方式		三相电气联动
	电动或手动		电动并可手动
	电动机电压（V）		AC220/AC380（可根据工程实际情况选用）
	控制电压（V）		AC220
	额定短时耐受电流及持续时间（kA/s）	隔离开关	50/3
		接地开关	50/3
	安装场所		户外

6.17.3　典型方案估算书

估算投资为总投资，编制依据按第3章要求。典型方案XA3-17估算书包括总估算汇总表、设备检修专业汇总表、其他费用估算表，分别见表6-98～表6-100。

表6-98　典型方案XA3-17总估算汇总表　　　　　　　　　金额单位：万元

序号	工程或费用名称	含税金额	占合计总费用的比例（%）	不含税金额	可抵扣增值税金额
一	建筑修缮费				
二	设备检修费	0.82	14.36	0.75	0.07
三	配件购置费	4.34	76.01	3.84	0.5
	其中：编制基准期价差	0.03	0.53	0.03	
四	小计	5.16	90.37	4.59	0.57

续表

序号	工程或费用名称	含税金额	占合计总费用的比例（%）	不含税金额	可抵扣增值税金额
五	其他费用	0.55	9.63	0.52	0.03
六	基本预备费				
七	工程总费用合计	5.71	100	5.11	0.6
	其中：可抵扣增值税金额	0.6			0.6
	其中：施工费	0.82	14.36	0.75	0.07

表 6-99　　　　典型方案 XA3-17 设备检修专业汇总表　　　　金额单位：元

序号	工程或费用名称	设备检修费		配件购置费	合计
		检修费	未计价材料费		
	设备检修工程	8150		43444	51594
二	配电装置检修	8150		43444	51594
1	屋外交流配电装置	8150		43444	51594
	合计	8150		43444	51594

表 6-100　　　　典型方案 XA3-17 其他费用估算表　　　　金额单位：元

序号	工程或费用项目名称	编制依据及计算说明	合价
2	项目管理费		557
2.1	管理经费	（建筑修缮费+设备检修费）×1.24%	101
2.2	招标费	（建筑修缮费+设备检修费）×1.2%	98
2.3	工程监理费	（建筑修缮费+设备检修费）×4.4%	359
3	项目技术服务费		4986
3.1	前期工作费	（建筑修缮费+设备检修费）×2.53%	206
3.2	工程勘察设计费		3895
3.2.2	设计费	设计费×100%	3895
3.3	设计文件评审费		284
3.3.1	初步设计文件评审费	设计费×3.5%	136
3.3.2	施工图文件评审费	设计费×3.8%	148
3.4	结算文件审核费	（建筑修缮费+设备检修费）×0.44%	600
	合计		5543

6.17.4 典型方案电气设备材料表

典型方案 XA3-17 电气设备材料见表 6-101。

表 6-101　　　　　　　　典型方案 XA3-17 电气设备材料表

序号	设备或材料名称	单位	数量	备注
	安装工程			
一	配电装置			
1	220kV 双柱水平伸缩隔离开关			
1.1	隔离开关配件			
500140471	隔离开关配件，隔离开关操动机构	个	3	
500140472	隔离开关配件，隔离开关连杆	个	3	

6.17.5 典型方案工程量表

典型方案 XA3-17 工程量见表 6-102。

表 6-102　　　　　　　　典型方案 XA3-17 工程量表

序号	项目名称	单位	数量	备注
	设备检修工程			
二	配电装置检修			
1	屋外交流配电装置			
调 XYD2-243 R×0.6 C×0.6 J×0.6	隔离开关分项解体检修　操动机构、 传动部件解体检修　220kV	组	1	
XYS1-76	户外隔离开关 220kV	组	1	

6.18　XA3-18　更换 220kV 双柱水平伸缩隔离开关导电部件

6.18.1　典型方案主要内容

本典型方案为更换 1 组 220kV 双柱水平伸缩隔离开关（三相为 1 组）导电部件，内容包括更换隔离开关与接地开关触头及触头弹簧，更换导电杆，缺陷处理，隔离开关调试等。

6.18.2　典型方案主要技术条件

典型方案 XA3-18 主要技术条件见表 6-103。

表 6-103　　　　　　　　　　典型方案 XA3-18 主要技术条件

方案名称	技术条件名称	典型参数
更换 220kV 双柱水平伸缩隔离开关导电部件	额定电压（kV）	252
	额定电流（A）	4000
	额定频率（Hz）	50
	结构型式或型号	双柱水平伸缩
	接地开关	双接地/单接地/不接地（可根据工程实际情况选用）
	操作方式	三相电气联动
	电动或手动	电动并可手动
	电动机电压（V）	AC220/AC380（可根据工程实际情况选用）
	控制电压（V）	AC220
	额定短时耐受电流及持续时间（kA/s）　隔离开关	50/3
	额定短时耐受电流及持续时间（kA/s）　接地开关	50/3
	安装场所	户外

6.18.3　典型方案估算书

估算投资为总投资，编制依据按第 3 章要求。典型方案 XA3-18 估算书包括总估算汇总表、设备检修专业汇总表、其他费用估算表，分别见表 6-104～表 6-106。

表 6-104　　　　　　　　　典型方案 XA3-18 总估算汇总表　　　　　　　　　金额单位：万元

序号	工程或费用名称	含税金额	占合计总费用的比例（%）	不含税金额	可抵扣增值税金额
一	建筑修缮费				
二	设备检修费	0.85	8.9	0.78	0.07
三	配件购置费	7.87	82.41	6.96	0.91
	其中：编制基准期价差	0.03	0.31	0.03	
四	小计	8.72	91.31	7.74	0.98
五	其他费用	0.83	8.69	0.78	0.05
六	基本预备费				
七	工程总费用合计	9.55	100	8.52	1.03
	其中：可抵扣增值税金额	1.03			1.03
	其中：施工费	0.85	8.9	0.78	0.07

表 6-105　　典型方案 XA3-18 设备检修专业汇总表　　金额单位：元

序号	工程或费用名称	设备检修费		配件购置费	合计
		检修费	未计价材料费		
	设备检修工程	8489		78738	87226
二	配电装置检修	8489		78738	87226
1	屋外交流配电装置	8489		78738	87226
	合计	8489		78738	87226

表 6-106　　典型方案 XA3-18 其他费用估算表　　金额单位：元

序号	工程或费用项目名称	编制依据及计算说明	合价
2	项目管理费		581
2.1	管理经费	（建筑修缮费+设备检修费）×1.24%	105
2.2	招标费	（建筑修缮费+设备检修费）×1.2%	102
2.3	工程监理费	（建筑修缮费+设备检修费）×4.4%	374
3	项目技术服务费		7691
3.1	前期工作费	（建筑修缮费+设备检修费）×2.53%	215
3.2	工程勘察设计费		6409
3.2.2	设计费	设计费×100%	6409
3.3	设计文件评审费		468
3.3.1	初步设计文件评审费	设计费×3.5%	224
3.3.2	施工图文件评审费	设计费×3.8%	244
3.4	结算文件审核费	（建筑修缮费+设备检修费）×0.44%	600
	合计		8272

6.18.4　典型方案电气设备材料表

典型方案 XA3-18 电气设备材料见表 6-107。

表 6-107　　典型方案 XA3-18 电气设备材料表

序号	设备或材料名称	单位	数量	备注
	安装工程			
一	配电装置			
1	220kV 双柱水平伸缩隔离开关			
1.1	隔离开关配件			
500140473	隔离开关配件，隔离开关触头	个	3	动触头
500140473	隔离开关配件，隔离开关触头	个	3	静触头
500140478	隔离开关配件，隔离开关导电杆	个	3	

6.18.5 典型方案工程量表

典型方案 XA3–18 工程量见表 6–108。

表 6–108　　　　　典型方案 XA3–18 工程量表

序号	项目名称	单位	数量	备注
	设备检修工程			
二	配电装置检修			
1	屋外交流配电装置			
XYD2–235	隔离开关分项解体检修　导电部件检修 220kV	组	1	
XYS1–76	户外隔离开关 220kV	组	1	

6.19　XA3–19　更换 220kV 单柱垂直伸缩隔离开关操动机构配件

6.19.1　典型方案主要内容

本典型方案为更换 1 组 220kV 单柱垂直伸缩隔离开关（三相为 1 组）操动机构配件，内容包括更换机构电机配件，更换联锁机构，更换辅助开关、继电器等二次元件，缺陷处理，隔离开关调试等。

6.19.2　典型方案主要技术条件

典型方案 XA3–19 主要技术条件见表 6–109。

表 6–109　　　　　典型方案 XA3–19 主要技术条件

方案名称	技术条件名称		典型参数
更换 220kV 单柱垂直伸缩隔离开关操动机构配件	额定电压（kV）		220
	额定电流（A）		4000
	额定频率（Hz）		50
	结构型式或型号		单柱垂直伸缩
	接地开关		不接地/单接地（可根据工程实际情况选用）
	操作方式		三相机械联动
	电动或手动		电动并可手动
	电动机电压（V）		AC220/AC380（可根据工程实际情况选用）
	控制电压（V）		AC220
	额定短时耐受电流及持续时间（kA/s）	隔离开关	50/3
		接地开关	50/3
	断口间最小安全净距（mm）		2550
	安装场所		户外

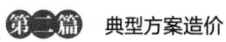

6.19.3 典型方案估算书

估算投资为总投资,编制依据按第 3 章要求。典型方案 XA3-19 估算书包括总估算汇总表、设备检修专业汇总表、其他费用估算表,分别见表 6-110～表 6-112。

表 6-110　　　　　　　　典型方案 XA3-19 总估算汇总表　　　　　　　金额单位：万元

序号	工程或费用名称	含税金额	占合计总费用的比例（%）	不含税金额	可抵扣增值税金额
一	建筑修缮费				
二	设备检修费	0.82	32.67	0.75	0.07
三	配件购置费	1.38	54.98	1.22	0.16
	其中：编制基准期价差	0.03	1.2	0.03	
四	小计	2.2	87.65	1.97	0.23
五	其他费用	0.31	12.35	0.29	0.02
六	基本预备费				
七	工程总费用合计	2.51	100	2.26	0.25
	其中：可抵扣增值税金额	0.25			0.25
	其中：施工费	0.82	32.67	0.75	0.07

表 6-111　　　　　　　　典型方案 XA3-19 设备检修专业汇总表　　　　　　金额单位：元

序号	工程或费用名称	设备检修费		配件购置费	合计
		检修费	未计价材料费		
一	设备检修工程	8150		13824	21975
二	配电装置检修	8150		13824	21975
1	屋外交流配电装置	8150		13824	21975
	合计	8150		13824	21975

表 6-112　　　　　　　　典型方案 XA3-19 其他费用估算表　　　　　　　金额单位：元

序号	工程或费用项目名称	编制依据及计算说明	合价
2	项目管理费		557
2.1	管理经费	（建筑修缮费+设备检修费）×1.24%	101
2.2	招标费	（建筑修缮费+设备检修费）×1.2%	98
2.3	工程监理费	（建筑修缮费+设备检修费）×4.4%	359
3	项目技术服务费		2586
3.1	前期工作费	（建筑修缮费+设备检修费）×2.53%	206
3.2	工程勘察设计费		1659

续表

序号	工程或费用项目名称	编制依据及计算说明	合价
3.2.2	设计费	设计费×100%	1659
3.3	设计文件评审费		121
3.3.1	初步设计文件评审费	设计费×3.5%	58
3.3.2	施工图文件评审费	设计费×3.8%	63
3.4	结算文件审核费	（建筑修缮费+设备检修费）×0.44%	600
	合计		3144

6.19.4 典型方案电气设备材料表

典型方案 XA3-19 电气设备材料见表 6-113。

表 6-113　　　　　典型方案 XA3-19 电气设备材料表

序号	设备或材料名称	单位	数量	备注
	安装工程			
一	配电装置			
1	220kV 三相隔离开关单柱垂直伸缩			
1.1	隔离开关配件			
500141814	继电器，中间继电器	个	3	
500134152	电机辅助配件，通用性型号	个	3	挂靠电动机编码
500140496	隔离开关配件，隔离开关操动机构接点	个	3	
500140474	隔离开关配件，联锁机构	个	3	

6.19.5 典型方案工程量表

典型方案 XA3-19 工程量见表 6-114。

表 6-114　　　　　典型方案 XA3-19 工程量表

序号	项目名称	单位	数量	备注
	设备检修工程			
二	配电装置检修			
1	屋外交流配电装置			
调 XYD2-243 R×0.6 C×0.6 J×0.6	隔离开关分项解体检修　操动机构、传动部件解体检修 220kV	组	1	
XYS1-76	户外隔离开关 220kV	组	1	

6.20 XA3-20 更换 220kV 单柱垂直伸缩隔离开关操动机构

6.20.1 典型方案主要内容

本典型方案为更换 1 组 220kV 单柱垂直伸缩隔离开关（三相为 1 组）操动机构，内容包括更换操动机构，更换隔离开关连杆，缺陷处理，隔离开关调试等。

6.20.2 典型方案主要技术条件

典型方案 XA3-20 主要技术条件见表 6-115。

表 6-115　　　　　典型方案 XA3-20 主要技术条件

方案名称	技术条件名称		典型参数
更换 220kV 单柱垂直伸缩隔离开关操动机构	额定电压（kV）		220
	额定电流（A）		4000
	额定频率（Hz）		50
	结构型式或型号		单柱垂直伸缩
	接地开关		不接地/单接地（可根据工程实际情况选用）
	操作方式		三相机械联动
	电动或手动		电动并可手动
	电动机电压（V）		AC220/AC380（可根据工程实际情况选用）
	控制电压（V）		AC220
	额定短时耐受电流及持续时间（kA/s）	隔离开关	50/3
		接地开关	50/3
	断口间最小安全净距（mm）		2550
	安装场所		户外

6.20.3 典型方案估算书

估算投资为总投资，编制依据按第 3 章要求。典型方案 XA3-20 估算书包括总估算汇总表、设备检修专业汇总表、其他费用估算表，分别见表 6-116～表 6-118。

表 6-116　　　　　典型方案 XA3-20 总估算汇总表　　　　　金额单位：万元

序号	工程或费用名称	含税金额	占合计总费用的比例（%）	不含税金额	可抵扣增值税金额
一	建筑修缮费				
二	设备检修费	0.82	14.72	0.75	0.07
三	配件购置费	4.21	75.58	3.73	0.48
	其中：编制基准期价差	0.03	0.54	0.03	

续表

序号	工程或费用名称	含税金额	占合计总费用的比例（%）	不含税金额	可抵扣增值税金额
四	小计	5.03	90.31	4.48	0.55
五	其他费用	0.54	9.69	0.51	0.03
六	基本预备费				
七	工程总费用合计	5.57	100	4.99	0.58
	其中：可抵扣增值税金额	0.58			0.58
	其中：施工费	0.82	14.72	0.75	0.07

表 6−117　　　　　典型方案 XA3−20 设备检修专业汇总表　　　　　金额单位：元

序号	工程或费用名称	设备检修费		配件购置费	合计
		检修费	未计价材料费		
一	设备检修工程	8150		42086	50236
二	配电装置检修	8150		42086	50236
1	屋外交流配电装置	8150		42086	50236
	合计	8150		42086	50236

表 6−118　　　　　典型方案 XA3−20 其他费用估算表　　　　　金额单位：元

序号	工程或费用项目名称	编制依据及计算说明	合价
2	项目管理费		557
2.1	管理经费	（建筑修缮费+设备检修费）×1.24%	101
2.2	招标费	（建筑修缮费+设备检修费）×1.2%	98
2.3	工程监理费	（建筑修缮费+设备检修费）×4.4%	359
3	项目技术服务费		4876
3.1	前期工作费	（建筑修缮费+设备检修费）×2.53%	206
3.2	工程勘察设计费		3793
3.2.2	设计费	设计费×100%	3793
3.3	设计文件评审费		277
3.3.1	初步设计文件评审费	设计费×3.5%	133
3.3.2	施工图文件评审费	设计费×3.8%	144
3.4	结算文件审核费	（建筑修缮费+设备检修费）×0.44%	600
	合计		5433

6.20.4 典型方案电气设备材料表

典型方案 XA3-20 电气设备材料见表 6-119。

表 6-119　　　　　　　　典型方案 XA3-20 电气设备材料表

序号	设备或材料名称	单位	数量	备注
	安装工程			
一	配电装置			
1	220kV 三相隔离开关单柱垂直伸缩			
1.1	隔离开关配件			
500140471	隔离开关配件，隔离开关操动机构	个	3	
500140472	隔离开关配件，隔离开关连杆	个	3	

6.20.5 典型方案工程量表

典型方案 XA3-20 工程量见表 6-120。

表 6-120　　　　　　　　典型方案 XA3-20 工程量表

序号	项目名称	单位	数量	备注
	设备检修工程			
二	配电装置检修			
1	屋外交流配电装置			
调 XYD2-243 R×0.6 C×0.6 J×0.6	隔离开关分项解体检修　操动机构、传动部件解体检修 220kV	组	1	
XYS1-76	户外隔离开关 220kV	组	1	

6.21　XA3-21 更换 220kV 单柱垂直伸缩隔离开关导电部件

6.21.1 典型方案主要内容

本典型方案为更换 1 组 220kV 单柱垂直伸缩隔离开关（三相为 1 组）导电部件，内容包括更换隔离开关与接地开关触头及触头弹簧，更换导电杆，缺陷处理，隔离开关调试等。

6.21.2 典型方案主要技术条件

典型方案 XA3-21 主要技术条件见表 6-121。

表 6-121　　　　　　　　典型方案 XA3-21 主要技术条件

方案名称	技术条件名称		典型参数
更换 220kV 单柱垂直伸缩隔离开关导电部件	额定电压（kV）		220
	额定电流（A）		4000
	额定频率（Hz）		50
	结构型式或型号		单柱垂直伸缩
	接地开关		不接地/单接地（可根据工程实际情况选用）
	操作方式		三相机械联动
	电动或手动		电动并可手动
	电动机电压（V）		AC220/AC380（可根据工程实际情况选用）
	控制电压（V）		AC220
	额定短时耐受电流及持续时间（kA/s）	隔离开关	50/3
		接地开关	50/3
	断口间最小安全净距（mm）		2550
	安装场所		户外

6.21.3　典型方案估算书

估算投资为总投资，编制依据按第 3 章要求。典型方案 XA3-21 估算书包括总估算汇总表、设备检修专业汇总表、其他费用估算表，分别见表 6-122～表 6-124。

表 6-122　　　　　　　典型方案 XA3-21 总估算汇总表　　　　　　　金额单位：万元

序号	工程或费用名称	含税金额	占合计总费用的比例（%）	不含税金额	可抵扣增值税金额
一	建筑修缮费				
二	设备检修费	0.85	8.63	0.78	0.07
三	配件购置费	8.17	82.94	7.23	0.94
	其中：编制基准期价差	0.03	0.3	0.03	
四	小计	9.02	91.57	8.01	1.01
五	其他费用	0.83	8.43	0.78	0.05
六	基本预备费				
七	工程总费用合计	9.85	100	8.79	1.06
	其中：可抵扣增值税金额	1.06			1.06
	其中：施工费	0.85	8.63	0.78	0.07

表 6-123　　　　　　　典型方案 XA3-21 设备检修专业汇总表　　　　　金额单位：元

序号	工程或费用名称	设备检修费		配件购置费	合计
		检修费	未计价材料费		
一	设备检修工程	8489		81743	90231
二	配电装置检修	8489		81743	90231
1	屋外交流配电装置	8489		81743	90231
	合计	8489		81743	90231

表 6-124　　　　　　　典型方案 XA3-21 其他费用估算表　　　　　金额单位：元

序号	工程或费用项目名称	编制依据及计算说明	合价
2	项目管理费		581
2.1	管理经费	（建筑修缮费+设备检修费）×1.24%	105
2.2	招标费	（建筑修缮费+设备检修费）×1.2%	102
2.3	工程监理费	（建筑修缮费+设备检修费）×4.4%	374
3	项目技术服务费		7691
3.1	前期工作费	（建筑修缮费+设备检修费）×2.53%	215
3.2	工程勘察设计费		6409
3.2.2	设计费	设计费×100%	6409
3.3	设计文件评审费		468
3.3.1	初步设计文件评审费	设计费×3.5%	224
3.3.2	施工图文件评审费	设计费×3.8%	244
3.4	结算文件审核费	（建筑修缮费+设备检修费）×0.44%	600
	合计		8272

6.21.4　典型方案电气设备材料表

典型方案 XA3-21 电气设备材料见表 6-125。

表 6-125　　　　　　　典型方案 XA3-21 电气设备材料表

序号	设备或材料名称	单位	数量	备注
	安装工程			
一	配电装置			
1	220kV 三相隔离开关单柱垂直伸缩			
1.1	隔离开关配件			
500140473	隔离开关配件，隔离开关触头	个	3	动触头
500140473	隔离开关配件，隔离开关触头	个	3	静触头
500140478	隔离开关配件，隔离开关导电杆	个	3	

6.21.5 典型方案工程量表

典型方案 XA3-21 工程量见表 6-126。

表 6-126 典型方案 XA3-21 工程量表

序号	项目名称	单位	数量	备注
	设备检修工程			
二	配电装置检修			
1	屋外交流配电装置			
XYD2-235	隔离开关分项解体检修 导电部件检修 220kV	组	1	
XYS1-76	户外隔离开关 220kV	组	1	

6.22 XA3-22 更换 500kV 三柱组合式隔离开关操动机构配件

6.22.1 典型方案主要内容

本典型方案为更换 1 组 500kV 三柱组合式隔离开关（三相为 1 组）操动机构配件，内容包括更换机构电机配件，更换联锁机构，更换辅助开关、继电器等二次元件，缺陷处理，隔离开关调试等。

6.22.2 典型方案主要技术条件

典型方案 XA3-22 主要技术条件见表 6-127。

表 6-127 典型方案 XA3-22 主要技术条件

方案名称	技术条件名称		典型参数
更换 500kV 三柱组合式隔离开关操动机构配件	额定电压（kV）		550
	额定电流（A）		4000
	额定频率（Hz）		50
	结构型式或型号		三柱组合式
	接地开关		双接地/三接地（可根据工程实际情况选用）
	操作方式		分相操作（可三相电气联动）
	电动或手动		电动并可手动
	电动机电压（V）		AC220/AC380（可根据工程实际情况选用）
	控制电压（V）		AC220
	额定短时耐受电流及持续时间（kA/s）	隔离开关	63/2
		接地开关	63/2
	断口间最小安全净距（mm）		4550
	安装场所		户外

6.22.3 典型方案估算书

估算投资为总投资,编制依据按第 3 章要求。典型方案 XA3-22 估算书包括总估算汇总表、设备检修专业汇总表、其他费用估算表,分别见表 6-128～表 6-130。

表 6-128 　　　　　典型方案 XA3-22 总估算汇总表　　　　　金额单位:万元

序号	工程或费用名称	含税金额	占合计总费用的比例(%)	不含税金额	可抵扣增值税金额
一	建筑修缮费				
二	设备检修费	1.4	33.73	1.28	0.12
三	配件购置费	2.26	54.46	2	0.26
	其中:编制基准期价差	0.04	0.96	0.04	
四	小计	3.66	88.19	3.28	0.38
五	其他费用	0.49	11.81	0.46	0.03
六	基本预备费				
七	工程总费用合计	4.15	100	3.74	0.41
	其中:可抵扣增值税金额	0.41			0.41
	其中:施工费	1.4	33.73	1.28	0.12

表 6-129 　　　　　典型方案 XA3-22 设备检修专业汇总表　　　　　金额单位:元

序号	工程或费用名称	设备检修费		配件购置费	合计
		检修费	未计价材料费		
一	设备检修工程	14013		22640	36653
二	配电装置检修	14013		22640	36653
1	屋外交流配电装置	14013		22640	36653
	合计	14013		22640	36653

表 6-130 　　　　　典型方案 XA3-22 其他费用估算表　　　　　金额单位:元

序号	工程或费用项目名称	编制依据及计算说明	合价
2	项目管理费		959
2.1	管理经费	(建筑修缮费+设备检修费)×1.24%	174
2.2	招标费	(建筑修缮费+设备检修费)×1.2%	168
2.3	工程监理费	(建筑修缮费+设备检修费)×4.4%	617
3	项目技术服务费		3924
3.1	前期工作费	(建筑修缮费+设备检修费)×2.53%	355

续表

序号	工程或费用项目名称	编制依据及计算说明	合价
3.2	工程勘察设计费		2767
3.2.2	设计费	设计费×100%	2767
3.3	设计文件评审费		202
3.3.1	初步设计文件评审费	设计费×3.5%	97
3.3.2	施工图文件评审费	设计费×3.8%	105
3.4	结算文件审核费	（建筑修缮费+设备检修费）×0.44%	600
	合计		4882

6.22.4 典型方案电气设备材料表

典型方案 XA3-22 电气设备材料见表 6-131。

表 6-131　　　　　典型方案 XA3-22 电气设备材料表

序号	设备或材料名称	单位	数量	备注
	安装工程			
一	配电装置			
1	500kV 三柱组合隔离开关			
1.1	隔离开关配件			
500141814	继电器，中间继电器	个	4	
500134152	电机辅助配件，通用性型号	个	3	挂靠电动机编码
500140496	隔离开关配件，隔离开关操动机构接点	个	6	
500140474	隔离开关配件，联锁机构	个	6	

6.22.5 典型方案工程量表

典型方案 XA3-22 工程量见表 6-132。

表 6-132　　　　　典型方案 XA3-22 工程量表

序号	项目名称	单位	数量	备注
	设备检修工程			
二	配电装置检修			
1	屋外交流配电装置			
调 XYD2-245 R×0.6 C×0.6 J×0.6	隔离开关分项解体检修　操动机构、传动部件解体检修 500kV	组	1	
XYS1-78	户外隔离开关 500kV	组	1	

6.23 XA3-23 更换 500kV 三柱组合式隔离开关操动机构

6.23.1 典型方案主要内容

本典型方案为更换 1 组 500kV 三柱组合式隔离开关（三相为 1 组）操动机构，内容包括更换操动机构，更换隔离开关连杆，缺陷处理，隔离开关调试等。

6.23.2 典型方案主要技术条件

典型方案 XA3-23 主要技术条件见表 6-133。

表 6-133　　　　　　　典型方案 XA3-23 主要技术条件

方案名称	技术条件名称		典型参数
更换 500kV 三柱组合式隔离开关操动机构	额定电压（kV）		550
	额定电流（A）		4000
	额定频率（Hz）		50
	结构型式或型号		三柱组合式
	接地开关		双接地/三接地（可根据工程实际情况选用）
	操作方式		分相操作（可三相电气联动）
	电动或手动		电动并可手动
	电动机电压（V）		AC220/AC380（可根据工程实际情况选用）
	控制电压（V）		AC220
	额定短时耐受电流及持续时间（kA/s）	隔离开关	63/2
		接地开关	63/2
	断口间最小安全净距（mm）		4550
	安装场所		户外

6.23.3 典型方案估算书

估算投资为总投资，编制依据按第 3 章要求。典型方案 XA3-23 估算书包括总估算汇总表、设备检修专业汇总表、其他费用估算表，分别见表 6-134～表 6-136。

表 6-134　　　　　典型方案 XA3-23 总估算汇总表　　　　　金额单位：万元

序号	工程或费用名称	含税金额	占合计总费用的比例（%）	不含税金额	可抵扣增值税金额
一	建筑修缮费				
二	设备检修费	1.4	11.53	1.28	0.12
三	配件购置费	9.65	79.49	8.54	1.11
	其中：编制基准期价差	0.04	0.33	0.04	

续表

序号	工程或费用名称	含税金额	占合计总费用的比例（%）	不含税金额	可抵扣增值税金额
四	小计	11.05	91.02	9.82	1.23
五	其他费用	1.09	8.98	1.03	0.06
六	基本预备费				
七	工程总费用合计	12.14	100	10.85	1.29
	其中：可抵扣增值税金额	1.29			1.29
	其中：施工费	1.4	11.53	1.28	0.12

表 6-135　　　　　　　典型方案 XA3-23 设备检修专业汇总表　　　　　金额单位：元

序号	工程或费用名称	设备检修费		配件购置费	合计
		检修费	未计价材料费		
一	设备检修工程	14013		96481	110494
二	配电装置检修	14013		96481	110494
1	屋外交流配电装置	14013		96481	110494
	合计	14013		96481	110494

表 6-136　　　　　　　典型方案 XA3-23 其他费用估算表　　　　　　金额单位：元

序号	工程或费用项目名称	编制依据及计算说明	合价
2	项目管理费		959
2.1	管理经费	（建筑修缮费+设备检修费）×1.24%	174
2.2	招标费	（建筑修缮费+设备检修费）×1.2%	168
2.3	工程监理费	（建筑修缮费+设备检修费）×4.4%	617
3	项目技术服务费		9906
3.1	前期工作费	（建筑修缮费+设备检修费）×2.53%	355
3.2	工程勘察设计费		8342
3.2.2	设计费	设计费×100%	8342
3.3	设计文件评审费		609
3.3.1	初步设计文件评审费	设计费×3.5%	292
3.3.2	施工图文件评审费	设计费×3.8%	317
3.4	结算文件审核费	（建筑修缮费+设备检修费）×0.44%	600
	合计		10864

6.23.4 典型方案电气设备材料表

典型方案 XA3-23 电气设备材料见表 6-137。

表 6-137　　　　　　　典型方案 XA3-23 电气设备材料表

序号	设备或材料名称	单位	数量	备注
	安装工程			
一	配电装置			
1	500kV 三柱组合隔离开关			
1.1	隔离开关配件			
500140471	隔离开关配件，隔离开关操动机构	个	6	
500140472	隔离开关配件，隔离开关连杆	个	6	

6.23.5 典型方案工程量表

典型方案 XA3-23 工程量见表 6-138。

表 6-138　　　　　　　典型方案 XA3-23 工程量表

序号	项目名称	单位	数量	备注
	设备检修工程			
二	配电装置检修			
1	屋外交流配电装置			
调 XYD2-245 R×0.6 C×0.6 J×0.6	隔离开关分项解体检修　操动机构、传动部件解体检修 500kV	组	1	
XYS1-78	户外隔离开关 500kV	组	1	

6.24　XA3-24 更换 500kV 三柱组合式隔离开关导电部件

6.24.1 典型方案主要内容

本典型方案为更换 1 组 500kV 三柱组合式隔离开关（三相为 1 组）导电部件，内容包括更换隔离开关与接地开关触头及触头弹簧，更换导电杆，缺陷处理，隔离开关调试等。

6.24.2 典型方案主要技术条件

典型方案 XA3-24 主要技术条件见表 6-139。

表 6-139　　　　　　　　　　典型方案 XA3-24 主要技术条件

方案名称	技术条件名称		典型参数
更换 500kV 三柱组合式隔离开关导电部件	额定电压（kV）		550
	额定电流（A）		4000
	额定频率（Hz）		50
	结构型式或型号		三柱组合式
	接地开关		双接地/三接地（可根据工程实际情况选用）
	操作方式		分相操作（可三相电气联动）
	电动或手动		电动并可手动
	电动机电压（V）		AC220/AC380（可根据工程实际情况选用）
	控制电压（V）		AC220
	额定短时耐受电流及持续时间（kA/s）	隔离开关	63/2
		接地开关	63/2
	断口间最小安全净距（mm）		4550
	安装场所		户外

6.24.3　典型方案估算书

估算投资为总投资，编制依据按第 3 章要求。典型方案 XA3-24 估算书包括总估算汇总表、设备检修专业汇总表、其他费用估算表，分别见表 6-140～表 6-142。

表 6-140　　　　　　　　　　典型方案 XA3-24 总估算汇总表　　　　　　　　　金额单位：万元

序号	工程或费用名称	含税金额	占合计总费用的比例（%）	不含税金额	可抵扣增值税金额
一	建筑修缮费				
二	设备检修费	1.51	8.26	1.39	0.12
三	配件购置费	15.33	83.91	13.57	1.76
	其中：编制基准期价差	0.05	0.27	0.05	
四	小计	16.84	92.17	14.96	1.88
五	其他费用	1.43	7.83	1.35	0.08
六	基本预备费				
七	工程总费用合计	18.27	100	16.31	1.96
	其中：可抵扣增值税金额	1.96			1.96
	其中：施工费	1.51	8.26	1.39	0.12

表 6-141　　　　　典型方案 XA3-24 设备检修专业汇总表　　　　　金额单位：元

序号	工程或费用名称	设备检修费		配件购置费	合计
		检修费	未计价材料费		
一	设备检修工程	15106		153268	168374
二	配电装置检修	15106		153268	168374
1	屋外交流配电装置	15106		153268	168374
	合计	15106		153268	168374

表 6-142　　　　　典型方案 XA3-24 其他费用估算表　　　　　金额单位：元

序号	工程或费用项目名称	编制依据及计算说明	合价
2	项目管理费		1033
2.1	管理经费	（建筑修缮费+设备检修费）×1.24%	187
2.2	招标费	（建筑修缮费+设备检修费）×1.2%	181
2.3	工程监理费	（建筑修缮费+设备检修费）×4.4%	665
3	项目技术服务费		13220
3.1	前期工作费	（建筑修缮费+设备检修费）×2.53%	382
3.2	工程勘察设计费		11405
3.2.2	设计费	设计费×100%	11405
3.3	设计文件评审费		833
3.3.1	初步设计文件评审费	设计费×3.5%	399
3.3.2	施工图文件评审费	设计费×3.8%	433
3.4	结算文件审核费	（建筑修缮费+设备检修费）×0.44%	600
	合计		14253

6.24.4　典型方案电气设备材料表

典型方案 XA3-24 电气设备材料见表 6-143。

表 6-143　　　　　典型方案 XA3-24 电气设备材料表

序号	设备或材料名称	单位	数量	备注
	安装工程			
一	配电装置			
1	500kV 三柱组合隔离开关			
1.1	隔离开关配件			
500140473	隔离开关配件，隔离开关触头	个	6	动触头
500140473	隔离开关配件，隔离开关触头	个	3	静触头
500140478	隔离开关配件，隔离开关导电杆	个	6	

6.24.5 典型方案工程量表

典型方案 XA3-24 工程量见表 6-144。

表 6-144　　　　　　　　典型方案 XA3-24 工程量表

序号	项目名称	单位	数量	备注
	设备检修工程			
二	配电装置检修			
1	屋外交流配电装置			
XYD2-237	隔离开关分项解体检修　导电部件检修 500kV	组	1	
XYS1-78	户外隔离开关 500kV	组	1	

6.25　XA3-25 更换 500kV 双柱水平伸缩隔离开关操动机构配件

6.25.1 典型方案主要内容

本典型方案为更换 1 组 500kV 双柱水平伸缩隔离开关（三相为 1 组）操动机构配件，内容包括更换机构电机配件，更换联锁机构，更换辅助开关、继电器等二次元件，缺陷处理，隔离开关调试等。

6.25.2 典型方案主要技术条件

典型方案 XA3-25 主要技术条件见表 6-145。

表 6-145　　　　　　　　典型方案 XA3-25 主要技术条件

方案名称	技术条件名称		典型参数
更换 500kV 双柱水平伸缩隔离开关操动机构配件	额定电压（kV）		550
	额定电流（A）		4000
	额定频率（Hz）		50
	结构型式或型号		双柱水平伸缩式
	接地开关		单接地/双接地（可根据工程实际情况选用）
	操作方式		分相操作（可三相电气联动）
	电动或手动		电动并可手动
	电动机电压（V）		AC220/AC380（可根据工程实际情况选用）
	控制电压（V）		AC220
	额定短时耐受电流及持续时间（kA/s）	隔离开关	63/2
		接地开关	63/2
	断口间最小安全净距（mm）		4550
	安装场所		户外

6.25.3 典型方案估算书

估算投资为总投资,编制依据按第3章要求。典型方案 XA3-25 估算书包括总估算汇总表、设备检修专业汇总表、其他费用估算表,分别见表 6-146～表 6-148。

表 6-146　　　　　　　　典型方案 XA3-25 总估算汇总表　　　　　　　金额单位:万元

序号	工程或费用名称	含税金额	占合计总费用的比例(%)	不含税金额	可抵扣增值税金额
一	建筑修缮费				
二	设备检修费	1.4	45.31	1.28	0.12
三	配件购置费	1.28	41.42	1.13	0.15
	其中:编制基准期价差	0.04	1.29	0.04	
四	小计	2.68	86.73	2.41	0.27
五	其他费用	0.41	13.27	0.39	0.02
六	基本预备费				
七	工程总费用合计	3.09	100	2.8	0.29
	其中:可抵扣增值税金额	0.29			0.29
	其中:施工费	1.4	45.31	1.28	0.12

表 6-147　　　　　　　典型方案 XA3-25 设备检修专业汇总表　　　　　　　金额单位:元

序号	工程或费用名称	设备检修费		配件购置费	合计
		检修费	未计价材料费		
一	设备检修工程	14013		12822	26836
二	配电装置检修	14013		12822	26836
1	屋外交流配电装置	14013		12822	26836
	合计	14013		12822	26836

表 6-148　　　　　　　　典型方案 XA3-25 其他费用估算表　　　　　　　金额单位:元

序号	工程或费用项目名称	编制依据及计算说明	合价
2	项目管理费		959
2.1	管理经费	(建筑修缮费+设备检修费)×1.24%	174
2.2	招标费	(建筑修缮费+设备检修费)×1.2%	168
2.3	工程监理费	(建筑修缮费+设备检修费)×4.4%	617
3	项目技术服务费		3129
3.1	前期工作费	(建筑修缮费+设备检修费)×2.53%	355

续表

序号	工程或费用项目名称	编制依据及计算说明	合价
3.2	工程勘察设计费		2026
3.2.2	设计费	设计费×100%	2026
3.3	设计文件评审费		148
3.3.1	初步设计文件评审费	设计费×3.5%	71
3.3.2	施工图文件评审费	设计费×3.8%	77
3.4	结算文件审核费	（建筑修缮费+设备检修费）×0.44%	600
	合计		4087

6.25.4 典型方案电气设备材料表

典型方案 XA3-25 电气设备材料见表 6-149。

表 6-149 典型方案 XA3-25 电气设备材料表

序号	设备或材料名称	单位	数量	备注
	安装工程			
一	配电装置			
1	500kV 双柱水平伸缩隔离开关			
1.1	隔离开关配件			
500141814	继电器，中间继电器	个	2	
500134152	电机辅助配件，通用性型号	个	3	挂靠电动机编码
500140496	隔离开关配件，隔离开关操动机构接点	个	3	
500140474	隔离开关配件，联锁机构	个	3	

6.25.5 典型方案工程量表

典型方案 XA3-25 工程量见表 6-150。

表 6-150 典型方案 XA3-25 工程量表

序号	项目名称	单位	数量	备注
	设备检修工程			
二	配电装置检修			
1	屋外交流配电装置			
调 XYD2-245 R×0.6 C×0.6 J×0.6	隔离开关分项解体检修 操动机构、传动部件解体检修 500kV	组	1	
XYS1-78	户外隔离开关 500kV	组	1	

6.26 XA3-26 更换500kV双柱水平伸缩隔离开关操动机构

6.26.1 典型方案主要内容

本典型方案为更换1组500kV双柱水平伸缩隔离开关（三相为1组）操动机构，内容包括更换操动机构，更换隔离开关连杆，缺陷处理，隔离开关调试等。

6.26.2 典型方案主要技术条件

典型方案XA3-26主要技术条件见表6-151。

表6-151　典型方案XA3-26主要技术条件

方案名称	技术条件名称		典型参数
更换500kV双柱水平伸缩隔离开关操动机构	额定电压（kV）		550
	额定电流（A）		4000
	额定频率（Hz）		50
	结构型式或型号		双柱水平伸缩式
	接地开关		单接地/双接地（可根据工程实际情况选用）
	操作方式		分相操作（可三相电气联动）
	电动或手动		电动并可手动
	电动机电压（V）		AC220/AC380（可根据工程实际情况选用）
	控制电压（V）		AC220
	额定短时耐受电流及持续时间（kA/s）	隔离开关	63/2
		接地开关	63/2
	断口间最小安全净距（mm）		4550
	安装场所		户外

6.26.3 典型方案估算书

估算投资为总投资，编制依据按第3章要求。典型方案XA3-26估算书包括总估算汇总表、设备检修专业汇总表、其他费用估算表，分别见表6-152～表6-154。

表6-152　典型方案XA3-26总估算汇总表　　金额单位：万元

序号	工程或费用名称	含税金额	占合计总费用的比例（%）	不含税金额	可抵扣增值税金额
一	建筑修缮费				
二	设备检修费	1.4	21.28	1.28	0.12
三	配件购置费	4.51	68.54	3.99	0.52
	其中：编制基准期价差	0.04	0.61	0.04	

续表

序号	工程或费用名称	含税金额	占合计总费用的比例（％）	不含税金额	可抵扣增值税金额
四	小计	5.91	89.82	5.27	0.64
五	其他费用	0.67	10.18	0.63	0.04
六	基本预备费				
七	工程总费用合计	6.58	100	5.9	0.68
	其中：可抵扣增值税金额	0.68			0.68
	其中：施工费	1.4	21.28	1.28	0.12

表 6-153　　　　　典型方案 XA3-26 设备检修专业汇总表　　　　金额单位：元

序号	工程或费用名称	设备检修费		配件购置费	合计
		检修费	未计价材料费		
	设备检修工程	14013		45055	59068
二	配电装置检修	14013		45055	59068
1	屋外交流配电装置	14013		45055	59068
	合计	14013		45055	59068

表 6-154　　　　　典型方案 XA3-26 其他费用估算表　　　　金额单位：元

序号	工程或费用项目名称	编制依据及计算说明	合价
2	项目管理费		959
2.1	管理经费	（建筑修缮费+设备检修费）×1.24%	174
2.2	招标费	（建筑修缮费+设备检修费）×1.2%	168
2.3	工程监理费	（建筑修缮费+设备检修费）×4.4%	617
3	项目技术服务费		5740
3.1	前期工作费	（建筑修缮费+设备检修费）×2.53%	355
3.2	工程勘察设计费		4460
3.2.2	设计费	设计费×100%	4460
3.3	设计文件评审费		326
3.3.1	初步设计文件评审费	设计费×3.5%	156
3.3.2	施工图文件评审费	设计费×3.8%	169
3.4	结算文件审核费	（建筑修缮费+设备检修费）×0.44%	600
	合计		6698

6.26.4 典型方案电气设备材料表

典型方案 XA3-26 电气设备材料见表 6-155。

表 6-155　　　　　　典型方案 XA3-26 电气设备材料表

序号	设备或材料名称	单位	数量	备注
	安装工程			
一	配电装置			
1	500kV 双柱水平伸缩隔离开关			
1.1	隔离开关配件			
500140471	隔离开关配件，隔离开关操动机构	个	3	
500140472	隔离开关配件，隔离开关连杆	个	3	

6.26.5 典型方案工程量表

典型方案 XA3-26 工程量见表 6-156。

表 6-156　　　　　　典型方案 XA3-26 工程量表

序号	项目名称	单位	数量	备注
	设备检修工程			
二	配电装置检修			
1	屋外交流配电装置			
调 XYD2-245 R×0.6 C×0.6 J×0.6	隔离开关分项解体检修　操动机构、传动部件解体检修 500kV	组	1	
XYS1-78	户外隔离开关 500kV	组	1	

6.27　XA3-27 更换 500kV 双柱水平伸缩隔离开关导电部件

6.27.1 典型方案主要内容

本典型方案为更换 1 组 500kV 双柱水平伸缩隔离开关（三相为 1 组）导电部件，内容包括更换隔离开关与接地开关触头及触头弹簧，更换导电杆，缺陷处理，隔离开关调试等。

6.27.2 典型方案主要技术条件

典型方案 XA3-27 主要技术条件见表 6-157。

表 6-157　　典型方案 XA3-27 主要技术条件

方案名称	技术条件名称		典型参数
更换 500kV 双柱水平伸缩隔离开关导电部件	额定电压（kV）		550
	额定电流（A）		4000
	额定频率（Hz）		50
	结构型式或型号		双柱水平伸缩式
	接地开关		单接地/双接地（可根据工程实际情况选用）
	操作方式		分相操作（可三相电气联动）
	电动或手动		电动并可手动
	电动机电压（V）		AC220/AC380（可根据工程实际情况选用）
	控制电压（V）		AC220
	额定短时耐受电流及持续时间（kA/s）	隔离开关	63/2
		接地开关	63/2
	断口间最小安全净距（mm）		4550
	安装场所		户外

6.27.3　典型方案估算书

估算投资为总投资，编制依据按第 3 章要求。典型方案 XA3-27 估算书包括总估算汇总表、设备检修专业汇总表、其他费用估算表，分别见表 6-158～表 6-160。

表 6-158　　典型方案 XA3-27 总估算汇总表　　金额单位：万元

序号	工程或费用名称	含税金额	占合计总费用的比例（%）	不含税金额	可抵扣增值税金额
一	建筑修缮费				
二	设备检修费	1.51	12.25	1.39	0.12
三	配件购置费	9.71	78.75	8.59	1.12
	其中：编制基准期价差	0.05	0.41	0.05	
四	小计	11.22	91	9.98	1.24
五	其他费用	1.11	9	1.05	0.06
六	基本预备费				
七	工程总费用合计	12.33	100	11.03	1.3
	其中：可抵扣增值税金额	1.3			1.3
	其中：施工费	1.51	12.25	1.39	0.12

表 6-159　　　　　典型方案 XA3-27 设备检修专业汇总表　　　　　金额单位：元

序号	工程或费用名称	设备检修费		配件购置费	合计
		检修费	未计价材料费		
一	设备检修工程	15106		97070	112176
二	配电装置检修	15106		97070	112176
1	屋外交流配电装置	15106		97070	112176
	合计	15106		97070	112176

表 6-160　　　　　典型方案 XA3-27 其他费用估算表　　　　　金额单位：元

序号	工程或费用项目名称	编制依据及计算说明	合价
2	项目管理费		1033
2.1	管理经费	（建筑修缮费+设备检修费）×1.24%	187
2.2	招标费	（建筑修缮费+设备检修费）×1.2%	181
2.3	工程监理费	（建筑修缮费+设备检修费）×4.4%	665
3	项目技术服务费		10070
3.1	前期工作费	（建筑修缮费+设备检修费）×2.53%	382
3.2	工程勘察设计费		8469
3.2.2	设计费	设计费×100%	8469
3.3	设计文件评审费		618
3.3.1	初步设计文件评审费	设计费×3.5%	296
3.3.2	施工图文件评审费	设计费×3.8%	322
3.4	结算文件审核费	（建筑修缮费+设备检修费）×0.44%	600
	合计		11103

6.27.4　典型方案电气设备材料表

典型方案 XA3-27 电气设备材料见表 6-161。

表 6-161　　　　　典型方案 XA3-27 电气设备材料表

序号	设备或材料名称	单位	数量	备注
	安装工程			
一	配电装置			
1	500kV 双柱水平伸缩隔离开关			
1.1	隔离开关配件			
500140473	隔离开关配件，隔离开关触头	个	3	动触头
500140473	隔离开关配件，隔离开关触头	个	3	静触头
500140478	隔离开关配件，隔离开关导电杆	个	3	

6.27.5 典型方案工程量表

典型方案 XA3-27 工程量见表 6-162。

表 6-162 典型方案 XA3-27 工程量表

序号	项目名称	单位	数量	备注
	设备检修工程			
二	配电装置检修			
1	屋外交流配电装置			
XYD2-237	隔离开关分项解体检修 导电部件检修 500kV	组	1	
XYS1-78	户外隔离开关 500kV	组	1	

6.28 XA3-28 更换 500kV 单柱垂直伸缩隔离开关操动机构配件

6.28.1 典型方案主要内容

本典型方案为更换 1 组 500kV 单柱垂直伸缩隔离开关（三相为 1 组）操动机构配件，内容包括更换机构电机配件，更换联锁机构，更换辅助开关、继电器等二次元件，缺陷处理，隔离开关调试等。

6.28.2 典型方案主要技术条件

典型方案 XA3-28 主要技术条件见表 6-163。

表 6-163 典型方案 XA3-28 主要技术条件

方案名称	技术条件名称		典型参数
更换 500kV 单柱垂直伸缩隔离开关操动机构配件	额定电压（kV）		550
	额定电流（A）		4000
	额定频率（Hz）		50
	结构型式或型号		单柱垂直伸缩式
	接地开关		单接地
	操作方式		分相操作（可三相电气联动）
	电动或手动		电动并可手动
	电动机电压（V）		AC220/AC380（可根据工程实际情况选用）
	控制电压（V）		AC220
	额定短时耐受电流及持续时间（kA/s）	隔离开关	63/2
		接地开关	63/2
	断口间最小安全净距（mm）		4550
	安装场所		户外

6.28.3 典型方案估算书

估算投资为总投资,编制依据按第 3 章要求。典型方案 XA3-28 估算书包括总估算汇总表、设备检修专业汇总表、其他费用估算表,分别见表 6-164～表 6-166。

表 6-164　　　　　　　典型方案 XA3-28 总估算汇总表　　　　　　金额单位:万元

序号	工程或费用名称	含税金额	占合计总费用的比例（%）	不含税金额	可抵扣增值税金额
一	建筑修缮费				
二	设备检修费	1.4	45.31	1.28	0.12
三	配件购置费	1.28	41.42	1.13	0.15
	其中:编制基准期价差	0.04	1.29	0.04	
四	小计	2.68	86.73	2.41	0.27
五	其他费用	0.41	13.27	0.39	0.02
六	基本预备费				
七	工程总费用合计	3.09	100	2.8	0.29
	其中:可抵扣增值税金额	0.29			0.29
	其中:施工费	1.4	45.31	1.28	0.12

表 6-165　　　　　　　典型方案 XA3-28 设备检修专业汇总表　　　　　　金额单位:元

序号	工程或费用名称	设备检修费		配件购置费	合计
		检修费	未计价材料费		
一	设备检修工程	14013		12822	26836
二	配电装置检修	14013		12822	26836
1	屋外交流配电装置	14013		12822	26836
	合计	14013		12822	26836

表 6-166　　　　　　　典型方案 XA3-28 其他费用估算表　　　　　　金额单位:元

序号	工程或费用项目名称	编制依据及计算说明	合价
2	项目管理费		959
2.1	管理经费	(建筑修缮费+设备检修费)×1.24%	174
2.2	招标费	(建筑修缮费+设备检修费)×1.2%	168
2.3	工程监理费	(建筑修缮费+设备检修费)×4.4%	617
3	项目技术服务费		3129
3.1	前期工作费	(建筑修缮费+设备检修费)×2.53%	355
3.2	工程勘察设计费		2026

续表

序号	工程或费用项目名称	编制依据及计算说明	合价
3.2.2	设计费	设计费×100%	2026
3.3	设计文件评审费		148
3.3.1	初步设计文件评审费	设计费×3.5%	71
3.3.2	施工图文件评审费	设计费×3.8%	77
3.4	结算文件审核费	（建筑修缮费+设备检修费）×0.44%	600
	合计		4087

6.28.4 典型方案电气设备材料表

典型方案 XA3-28 电气设备材料见表 6-167。

表 6-167　　　　　典型方案 XA3-28 电气设备材料表

序号	设备或材料名称	单位	数量	备注
	安装工程			
一	配电装置			
1	500kV 单柱垂直伸缩隔离开关			
1.1	隔离开关配件			
500141814	继电器，中间继电器	个	2	
500134152	电机辅助配件，通用性型号	个	3	挂靠电动机编码
500140496	隔离开关配件，隔离开关操动机构接点	个	3	
500140474	隔离开关配件，联锁机构	个	3	

6.28.5 典型方案工程量表

典型方案 XA3-28 工程量见表 6-168。

表 6-168　　　　　典型方案 XA3-28 工程量表

序号	项目名称	单位	数量	备注
	设备检修工程			
二	配电装置检修			
1	屋外交流配电装置			
调 XYD2-245 R×0.6 C×0.6 J×0.6	隔离开关分项解体检修　操动机构、传动部件解体检修 500kV	组	1	
XYS1-78	户外隔离开关 500kV	组	1	

6.29 XA3-29 更换500kV单柱垂直伸缩隔离开关操动机构

6.29.1 典型方案主要内容

本典型方案为更换1组500kV单柱垂直伸缩隔离开关（三相为1组）操动机构，内容包括更换操动机构，更换隔离开关连杆，缺陷处理，隔离开关调试等。

6.29.2 典型方案主要技术条件

典型方案XA3-29主要技术条件见表6-169。

表6-169　典型方案XA3-29主要技术条件

方案名称	技术条件名称		典型参数
更换500kV单柱垂直伸缩隔离开关操动机构	额定电压（kV）		550
	额定电流（A）		4000
	额定频率（Hz）		50
	结构型式或型号		单柱垂直伸缩式
	接地开关		单接地
	操作方式		分相操作（可三相电气联动）
	电动或手动		电动并可手动
	电动机电压（V）		AC220/AC380（可根据工程实际情况选用）
	控制电压（V）		AC220
	额定短时耐受电流及持续时间（kA/s）	隔离开关	63/2
		接地开关	63/2
	断口间最小安全净距（mm）		4550
	安装场所		户外

6.29.3 典型方案估算书

估算投资为总投资，编制依据按第3章要求。典型方案XA3-29估算书包括总估算汇总表、设备检修专业汇总表、其他费用估算表，分别见表6-170～表6-172。

表6-170　典型方案XA3-29总估算汇总表　　　　金额单位：万元

序号	工程或费用名称	含税金额	占合计总费用的比例（%）	不含税金额	可抵扣增值税金额
一	建筑修缮费				
二	设备检修费	1.4	21.28	1.28	0.12
三	配件购置费	4.51	68.54	3.99	0.52
	其中：编制基准期价差	0.04	0.61	0.04	

续表

序号	工程或费用名称	含税金额	占合计总费用的比例（%）	不含税金额	可抵扣增值税金额
四	小计	5.91	89.82	5.27	0.64
五	其他费用	0.67	10.18	0.63	0.04
六	基本预备费				
七	工程总费用合计	6.58	100	5.9	0.68
	其中：可抵扣增值税金额	0.68			0.68
	其中：施工费	1.4	21.28	1.28	0.12

表6-171　　　　典型方案XA3-29设备检修专业汇总表　　　　金额单位：元

序号	工程或费用名称	设备检修费		配件购置费	合计
		检修费	未计价材料费		
	设备检修工程	14013		45055	59068
二	配电装置检修	14013		45055	59068
1	屋外交流配电装置	14013		45055	59068
	合计	14013		45055	59068

表6-172　　　　典型方案XA3-29其他费用估算表　　　　金额单位：元

序号	工程或费用项目名称	编制依据及计算说明	合价
2	项目管理费		959
2.1	管理经费	（建筑修缮费+设备检修费）×1.24%	174
2.2	招标费	（建筑修缮费+设备检修费）×1.2%	168
2.3	工程监理费	（建筑修缮费+设备检修费）×4.4%	617
3	项目技术服务费		5740
3.1	前期工作费	（建筑修缮费+设备检修费）×2.53%	355
3.2	工程勘察设计费		4460
3.2.2	设计费	设计费×100%	4460
3.3	设计文件评审费		326
3.3.1	初步设计文件评审费	设计费×3.5%	156
3.3.2	施工图文件评审费	设计费×3.8%	169
3.4	结算文件审核费	（建筑修缮费+设备检修费）×0.44%	600
	合计		6698

6.29.4 典型方案电气设备材料表

典型方案 XA3-29 电气设备材料见表 6-173。

表 6-173　　　　　　　　典型方案 XA3-29 电气设备材料表

序号	设备或材料名称	单位	数量	备注
	安装工程			
一	配电装置			
1	500kV 单柱垂直伸缩隔离开关			
1.1	隔离开关配件			
500140471	隔离开关配件，隔离开关操动机构	个	3	
500140472	隔离开关配件，隔离开关连杆	个	3	

6.29.5 典型方案工程量表

典型方案 XA3-29 工程量见表 6-174。

表 6-174　　　　　　　　典型方案 XA3-29 工程量表

序号	项目名称	单位	数量	备注
	设备检修工程			
二	配电装置检修			
1	屋外交流配电装置			
调 XYD2-245 R×0.6 C×0.6 J×0.6	隔离开关分项解体检修　操动机构、 传动部件解体检修 500kV	组	1	
XYS1-78	户外隔离开关 500kV	组	1	

6.30　XA3-30　更换 500kV 单柱垂直伸缩隔离开关导电部件

6.30.1 典型方案主要内容

本典型方案为更换 1 组 500kV 单柱垂直伸缩隔离开关（三相为 1 组）导电部件，内容包括更换隔离开关与接地开关触头及触头弹簧，更换导电杆，缺陷处理，隔离开关调试等。

6.30.2 典型方案主要技术条件

典型方案 XA3-30 主要技术条件见表 6-175。

表 6-175　　　　　　　　典型方案 XA3-30 主要技术条件

方案名称	技术条件名称		典型参数
更换 500kV 单柱垂直伸缩隔离开关导电部件	额定电压（kV）		550
	额定电流（A）		4000
	额定频率（Hz）		50
	结构型式或型号		单柱垂直伸缩式
	接地开关		单接地
	操作方式		分相操作（可三相电气联动）
	电动或手动		电动并可手动
	电动机电压（V）		AC220/AC380（可根据工程实际情况选用）
	控制电压（V）		AC220
	额定短时耐受电流及持续时间（kA/s）	隔离开关	63/2
		接地开关	63/2
	断口间最小安全净距（mm）		4550
	安装场所		户外

6.30.3　典型方案估算书

估算投资为总投资，编制依据按第 3 章要求。典型方案 XA3-30 估算书包括总估算汇总表、设备检修专业汇总表、其他费用估算表，分别见表 6-176～表 6-178。

表 6-176　　　　　　典型方案 XA3-30 总估算汇总表　　　　　　金额单位：万元

序号	工程或费用名称	含税金额	占合计总费用的比例（%）	不含税金额	可抵扣增值税金额
一	建筑修缮费				
二	设备检修费	1.51	11.94	1.39	0.12
三	配件购置费	10.01	79.13	8.86	1.15
	其中：编制基准期价差	0.05	0.4	0.05	
四	小计	11.52	91.07	10.25	1.27
五	其他费用	1.13	8.93	1.07	0.06
六	基本预备费				
七	工程总费用合计	12.65	100	11.32	1.33
	其中：可抵扣增值税金额	1.33			1.33
	其中：施工费	1.51	11.94	1.39	0.12

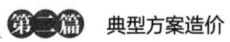

表6-177　　　　　　　典型方案XA3-30设备检修专业汇总表　　　　　　　金额单位：元

序号	工程或费用名称	设备检修费		配件购置费	合计
		检修费	未计价材料费		
一	设备检修工程	15106		100075	115181
二	配电装置检修	15106		100075	115181
1	屋外交流配电装置	15106		100075	115181
	合计	15106		100075	115181

表6-178　　　　　　　典型方案XA3-30其他费用估算表　　　　　　　金额单位：元

序号	工程或费用项目名称	编制依据及计算说明	合价
2	项目管理费		1033
2.1	管理经费	（建筑修缮费+设备检修费）×1.24%	187
2.2	招标费	（建筑修缮费+设备检修费）×1.2%	181
2.3	工程监理费	（建筑修缮费+设备检修费）×4.4%	665
3	项目技术服务费		10313
3.1	前期工作费	（建筑修缮费+设备检修费）×2.53%	382
3.2	工程勘察设计费		8696
3.2.2	设计费	设计费×100%	8696
3.3	设计文件评审费		635
3.3.1	初步设计文件评审费	设计费×3.5%	304
3.3.2	施工图文件评审费	设计费×3.8%	330
3.4	结算文件审核费	（建筑修缮费+设备检修费）×0.44%	600
	合计		11346

6.30.4 典型方案电气设备材料表

典型方案XA3-30电气设备材料见表6-179。

表6-179　　　　　　　典型方案XA3-30电气设备材料表

序号	设备或材料名称	单位	数量	备注
	安装工程			
一	配电装置			
1	500kV单柱垂直伸缩隔离开关			
1.1	隔离开关配件			
500140473	隔离开关配件，隔离开关触头	个	3	动触头
500140473	隔离开关配件，隔离开关触头	个	3	静触头
500140478	隔离开关配件，隔离开关导电杆	个	3	

6.30.5 典型方案工程量表

典型方案 XA3-30 工程量见表 6-180。

表 6-180　　　　　　典型方案 XA3-30 工程量表

序号	项目名称	单位	数量	备注
	设备检修工程			
二	配电装置检修			
1	屋外交流配电装置			
XYD2-237	隔离开关分项解体检修　导电部件检修 500kV	组	1	
XYS1-78	户外隔离开关 500kV	组	1	

第 7 章 检修 10kV 开关柜

典型方案说明

检修开关柜典型方案共 1 个：检修 10kV 开关柜设备典型方案。典型方案的工作范围只包含开关柜本体检修，不包含柜内隔离开关、互感器等一次设备检修，不包含保护等二次设备检修。

7.1 XA4-1 检修 10kV 开关柜设备

7.1.1 典型方案主要内容

本典型方案为检修 10kV 开关柜设备，内容包括穿柜套管更换，柜内母线及支柱绝缘子更换。

7.1.2 典型方案主要技术条件

典型方案 XA4-1 主要技术条件见表 7-1。

表 7-1　　　　　　　　典型方案 XA4-1 主要技术条件

方案名称	工程主要技术条件	
检修 10kV 开关柜设备	额定电压（kV）	10
	额定电流（A）	3150
	结构型式	中置式
	安装场所	户内
	绝缘方式	真空

7.1.3 典型方案估算书

估算投资为总投资，编制依据按第 3 章要求。典型方案 XA4-1 估算书包括总估算汇总表、设备检修专业汇总表、其他费用估算表，分别见表 7-2～表 7-4。

表 7-2　　　　　典型方案 XA4-1 总估算汇总表　　　　　金额单位：万元

序号	工程或费用名称	含税金额	占合计总费用的比例（%）	不含税金额	可抵扣增值税金额
一	建筑修缮费				
二	设备检修费	0.74	69.16	0.68	0.06
三	配件购置费	0.15	14.02	0.13	0.02
	其中：编制基准期价差	0.02	1.87	0.02	
四	小计	0.89	83.18	0.81	0.08

续表

序号	工程或费用名称	含税金额	占合计总费用的比例（%）	不含税金额	可抵扣增值税金额
五	其他费用	0.18	16.82	0.17	0.01
六	基本预备费				
七	工程总费用合计	1.07	100	0.98	0.09
	其中：可抵扣增值税金额	0.09			0.09
	其中：施工费	0.74	69.16	0.68	0.06

表 7-3　　　　　典型方案 XA4-1 设备检修专业汇总表　　　　金额单位：元

序号	工程或费用名称	设备检修费		配件购置费	合计
		检修费	未计价材料费		
一	设备检修工程	7352		1481	8833
二	配电装置检修	687		1481	2168
2	屋内交流配电装置	687		1481	2168
五	控制及直流系统检修	6665			6665
3	直流系统	6665			6665
	合计	7352		1481	8833

表 7-4　　　　　典型方案 XA4-1 其他费用估算表　　　　金额单位：元

序号	工程或费用项目名称	编制依据及计算说明	合价
2	项目管理费		503
2.1	管理经费	（建筑修缮费+设备检修费）×1.24%	91
2.2	招标费	（建筑修缮费+设备检修费）×1.2%	88
2.3	工程监理费	（建筑修缮费+设备检修费）×4.4%	323
3	项目技术服务费		1291
3.1	前期工作费	（建筑修缮费+设备检修费）×2.53%	186
3.2	工程勘察设计费		1000
3.2.2	设计费	设计费×100%	1000
3.3	设计文件评审费		73
3.3.1	初步设计文件评审费	设计费×3.5%	35
3.3.2	施工图文件评审费	设计费×3.8%	38
3.4	结算文件评审费	（建筑修缮费+设备检修费）×0.44%	32
	合计		1794

7.1.4 典型方案电气设备材料表

典型方案 XA4-1 电气设备材料见表 7-5。

表 7-5 典型方案 XA4-1 电气设备材料表

序号	设备或材料名称	单位	数量	备注
	安装工程			
二	配电装置检修			
2	屋内交流配电装置			
500004802	穿柜套管：BST607-007	只	3	
500006940	支持绝缘子：BST607-007	只	5	
500068834	高压母线桥：3×（TMY-100×10）	m	6.400	

7.1.5 典型方案工程量表

典型方案 XA4-1 工程量见表 7-6。

表 7-6 典型方案 XA4-1 工程量表

序号	项目名称	单位	数量	备注
二	配电装置检修			
2	屋内交流配电装置			
XYD2-249	高压成套配电柜常规检修 10kV	台	1	
	调试			
XYS1-87	套管 10kV 以下	支	3	
XYS1-95	穿墙套管交流耐压 10kV	支	3	
XYS1-100	支柱绝缘子 10kV	柱	5	

第8章 检修接地

典型方案说明

检修接地典型方案共 3 个：按照电压等级分为 35kV 至 110kV 不同类型的检修接地典型方案。所有典型方案的工作范围包含接地沟的开挖，接地连接拆除，接地母线拆除，接地母线制作安装，回填土夯实。

8.1 XA5-1 检修 35kV 变电站接地

8.1.1 典型方案主要内容

本典型方案为检修 35kV 变电站接地，内容包括接地沟的开挖与回填，户外接地母线拆装，接地极制作拆装，接地网阻抗测量。

8.1.2 典型方案主要技术条件

典型方案 XA5-1 主要技术条件见表 8-1。

表 8-1　　　　　　　典型方案 XA5-1 主要技术条件

方案名称	工程主要技术条件	
检修 35kV 变电站接地	设备要求	35kV 变电站设备构架接地
	适用电压等级	10~35kV
	接地材料	圆钢、扁钢
	工作条件	环境温度-25~40℃
	海拔	1000m 以上

8.1.3 典型方案估算书

估算投资为总投资，编制依据按第 3 章要求。典型方案 XA5-1 估算书包括总估算汇总表、设备检修专业汇总表、其他费用估算表，分别见表 8-2～表 8-4。

表 8-2　　　　　典型方案 XA5-1 总估算汇总表　　　　　金额单位：万元

序号	工程或费用名称	含税金额	占合计总费用的比例（%）	不含税金额	可抵扣增值税金额
一	建筑修缮费				
二	设备检修费	30.12	84.8	27.63	2.49
三	配件购置费				
	其中：编制基准期价差	0.66	1.86	0.66	
四	小计	30.12	84.8	27.63	2.49

续表

序号	工程或费用名称	含税金额	占合计总费用的比例（%）	不含税金额	可抵扣增值税金额
五	其他费用	5.4	15.2	5.09	0.31
六	基本预备费				
七	工程总费用合计	35.52	100	32.72	2.8
	其中：可抵扣增值税金额	2.8			2.8
	其中：施工费	30.12	84.8	27.63	2.49

表 8-3　　　　　典型方案 XA5-1 设备检修专业汇总表　　　　　金额单位：元

序号	工程或费用名称	设备检修费		配件购置费	合计
		检修费	未计价材料费		
	设备检修工程	284194	17018		301212
七	电缆及接地	266069	17018		283086
4	全站接地	266069	17018		283086
九	调试	18126			18126
	合计	284194	17018		301212

表 8-4　　　　　典型方案 XA5-1 其他费用估算表　　　　　金额单位：元

序号	工程或费用项目名称	编制依据及计算说明	合价
2	项目管理费		20603
2.1	管理经费	（建筑修缮费+设备检修费）×1.24%	3735
2.2	招标费	（建筑修缮费+设备检修费）×1.2%	3615
2.3	工程监理费	（建筑修缮费+设备检修费）×4.4%	13253
3	项目技术服务费		33348
3.1	前期工作费	（建筑修缮费+设备检修费）×2.53%	7621
3.2	工程勘察设计费		22742
3.2.2	设计费	设计费×100%	22742
3.3	设计文件评审费		1660
3.3.1	初步设计文件评审费	设计费×3.5%	796
3.3.2	施工图文件评审费	设计费×3.8%	864
3.4	结算文件审核费	（建筑修缮费+设备检修费）×0.44%	1325
	合计		53951

8.1.4 典型方案电气设备材料表

典型方案 XA5-1 电气设备材料见表 8-5。

表 8-5　　　　　　　　　典型方案 XA5-1 电气设备材料表

序号	设备或材料名称	单位	数量	备注
	安装工程			
七	电缆及接地			
500118520	接地铁，圆钢，镀铜 ϕ17.2，2500mm	t	0.249	按户外站考虑
500072482	接地铁，扁钢，镀锌-60×6，15000mm	t	4.239	按户外站考虑

8.1.5 典型方案工程量表

典型方案 XA5-1 工程量见表 8-6。

表 8-6　　　　　　　　　典型方案 XA5-1 工程量表

序号	项目名称	单位	数量	备注
七	电缆及接地			
XYD8-14	户外接地母线拆装	100m	15	
XYD8-6	接地极制作拆装　铜覆钢　普通土	根	56	
XYS1-575	变电站接地网阻抗　交流法接地电阻、接触电势、跨步电压测试 35kV	站	1	

8.2　XA5-2 检修 66kV 变电站接地

8.2.1 典型方案主要内容

本典型方案为检修 66kV 变电站接地，内容包括接地沟的开挖与回填，户外接地母线拆装，接地极制作拆装，接地网阻抗测量。

8.2.2 典型方案主要技术条件

典型方案 XA5-2 主要技术条件见表 8-7。

表 8-7　　　　　　　　　典型方案 XA5-2 主要技术条件

方案名称	工程主要技术条件	
检修 66kV 变电站接地	适用电压等级	66kV
	设备要求	66kV 变电站设备构架接地
	接地材料	圆钢、扁钢
	工作条件	环境温度-25～40℃
	海拔	1000m 以上

8.2.3 典型方案估算书

估算投资为总投资，编制依据按第 3 章要求。典型方案 XA5-2 估算书包括总估算汇总表、设备检修专业汇总表、其他费用估算表，分别见表 8-8～表 8-10。

表 8-8　　典型方案 XA5-2 总估算汇总表　　金额单位：万元

序号	工程或费用名称	含税金额	占合计总费用的比例（%）	不含税金额	可抵扣增值税金额
一	建筑修缮费				
二	设备检修费	58.83	84.81	53.84	4.99
三	配件购置费				
	其中：编制基准期价差	1.31	1.89	1.31	
四	小计	58.83	84.81	53.84	4.99
五	其他费用	10.54	15.19	9.94	0.6
六	基本预备费				
七	工程总费用合计	69.37	100	63.78	5.59
	其中：可抵扣增值税金额	5.59			5.59
	其中：施工费	54.94	79.2	50.4	4.54

表 8-9　　典型方案 XA5-2 设备检修专业汇总表　　金额单位：元

序号	工程或费用名称	设备检修费		配件购置费	合计
		检修费	未计价材料费		
	设备检修工程	549392	38880		588272
七	电缆及接地	507750	38880		546630
4	全站接地	507750	38880		546630
九	调试	41642			41642
	合计	549392	38880		588272

表 8-10　　典型方案 XA5-2 其他费用估算表　　金额单位：元

序号	工程或费用项目名称	编制依据及计算说明	合价
2	项目管理费		40238
2.1	管理经费	（建筑修缮费+设备检修费）×1.24%	7295
2.2	招标费	（建筑修缮费+设备检修费）×1.2%	7059
2.3	工程监理费	（建筑修缮费+设备检修费）×4.4%	25884
3	项目技术服务费		65129
3.1	前期工作费	（建筑修缮费+设备检修费）×2.53%	14883

续表

序号	工程或费用项目名称	编制依据及计算说明	合价
3.2	工程勘察设计费		44415
3.2.2	设计费	设计费×100%	44415
3.3	设计文件评审费		3243
3.3.1	初步设计文件评审费	设计费×3.5%	1555
3.3.2	施工图文件评审费	设计费×3.8%	1688
3.4	结算文件审核费	（建筑修缮费＋设备检修费）×0.44%	2588
	合计		105367

8.2.4 典型方案电气设备材料表

典型方案 XA5-2 电气设备材料见表 8-11。

表 8-11　　　　　　　　典型方案 XA5-2 电气设备材料表

序号	设备或材料名称	单位	数量	备注
	安装工程			
七	电缆及接地			
500118520	接地铁，圆钢，镀铜 $\phi 17.2mm \times 2500mm$	副	60	按户外站考虑
500072482	接地铁，扁钢，镀锌 -60×6，15000mm	副	200	按户外站考虑

8.2.5 典型方案工程量表

典型方案 XA5-2 工程量见表 8-12。

表 8-12　　　　　　　　典型方案 XA5-2 工程量表

序号	项目名称	单位	数量	备注
七	电缆及接地			
XYD8-13	户外接地母线拆装	100m	30	
XYD8-6	接地极制作拆装　铜覆钢　普通土	根	60	
XYS1-576	变电站接地网阻抗　交流法接地电阻、接触电势、跨步电压测试　110kV	站	1	

8.3　XA5-3　检修 110kV 变电站接地

8.3.1　典型方案主要内容

本典型方案为检修 110kV 变电站接地，内容包括接地沟的开挖与回填，户外接地母线拆装，接地极制作拆装，接地网阻抗测量。

8.3.2 典型方案主要技术条件

典型方案 XA5-3 主要技术条件见表 8-13。

表 8-13　　　　　　　　　典型方案 XA5-3 主要技术条件

方案名称	工程主要技术条件	
检修 110kV 变电站接地	设备要求	10kV 变电站设备构架接地
	适用电压等级	110kV
	接地材料	圆钢、扁钢
	工作条件	环境温度-25～40℃
	海拔	1000m 以上
	适用电压等级	10～110kV

8.3.3 典型方案估算书

估算投资为总投资，编制依据按第 3 章要求。典型方案 XA5-3 估算书包括总估算汇总表、设备检修专业汇总表、其他费用估算表，分别见表 8-14～表 8-16。

表 8-14　　　　　　典型方案 XA5-3 总估算汇总表　　　　　金额单位：万元

序号	工程或费用名称	含税金额	占合计总费用的比例（%）	不含税金额	可抵扣增值税金额
一	建筑修缮费				
二	设备检修费	60.5	84.81	55.5	5
三	配件购置费				
	其中：编制基准期价差	1.34	1.88	1.34	
四	小计	60.5	84.81	55.5	5
五	其他费用	10.84	15.19	10.23	0.61
六	基本预备费				
七	工程总费用合计	71.34	100	65.73	5.61
	其中：可抵扣增值税金额	5.61			5.61
	其中：施工费	60.5	84.81	55.5	5

表 8-15　　　　　　典型方案 XA5-3 设备检修专业汇总表　　　　　金额单位：元

序号	工程或费用名称	设备检修费		配件购置费	合计
		检修费	未计价材料费		
	设备检修工程	571618	33333		604952
七	电缆及接地	524233	33333		557566

续表

序号	工程或费用名称	设备检修费		配件购置费	合计
		检修费	未计价材料费		
4	全站接地	524233	33333		557566
九	调试	47386			47386
	合计	571618	33333		604952

表 8-16　　　　　　　　典型方案 XA5-3 其他费用估算表　　　　　　金额单位：元

序号	工程或费用项目名称	编制依据及计算说明	合价
2	项目管理费		41379
2.1	管理经费	（建筑修缮费＋设备检修费）×1.24%	7501
2.2	招标费	（建筑修缮费＋设备检修费）×1.2%	7259
2.3	工程监理费	（建筑修缮费＋设备检修费）×4.4%	26618
3	项目技术服务费		66975
3.1	前期工作费	（建筑修缮费＋设备检修费）×2.53%	15305
3.2	工程勘察设计费		45674
3.2.2	设计费	设计费×100%	45674
3.3	设计文件评审费		3334
3.3.1	初步设计文件评审费	设计费×3.5%	1599
3.3.2	施工图文件评审费	设计费×3.8%	1736
3.4	结算文件审核费	（建筑修缮费＋设备检修费）×0.44%	2662
	合计		108354

8.3.4　典型方案电气设备材料表

典型方案 XA5-3 电气设备材料见表 8-17。

表 8-17　　　　　　　　典型方案 XA5-3 电气设备材料表

序号	设备或材料名称	单位	数量	备注
	安装工程			
七	电缆及接地			
500118520	接地铁，圆钢，镀铜，ϕ17.2，2500mm	t	0.356	按户外站考虑
500072482	接地铁，扁钢，镀锌，—6×60，15000mm	t	8.478	按户外站考虑

8.3.5 典型方案工程量表

典型方案 XA5-3 工程量见表 8-18。

表 8-18   典型方案 XA5-3 工程量表

序号	项目名称	单位	数量	备注
七	电缆及接地			
XYD8-13	户外接地母线拆装	100m	30	
XYD8-6	接地极制作拆装 铜覆钢 普通土	根	80	
XYS1-576	变电站接地网阻抗 交流法接地电阻、接触电势、跨步电压测试 110kV	站	1	

第三篇　使 用 说 明

第9章　典型造价使用说明

9.1　典型方案应用范围

本册典型方案主要应用于电网设备大修项目估（概）算编制与审核工作，指导编制单位编制电网生产设备大修项目估（概）算，审核单位对比审核实际工程费用，分析费用差异原因。

9.2　典型方案应用方法

第一步：分析实际工程的主要技术条件和工程参数。

第二步：根据实际工程的主要技术条件和工程参数，从典型方案库中选择对应方案；若典型方案库中无实际工程的技术条件，则采用类似技术条件的典型方案。

第三步：按照实际工程的工程参数，选择单个方案或多个方案进行拼接。

（1）更换单一构件。

1）选择方案：选取单个方案，并根据实际工程的情况，乘以构件数量，实现工程量累加，得到拟编制工程的工程量。

2）取费及价格水平调整：按照当地取费要求、材机调价水平要求对方案进行调整。

3）工程量调整：根据实际工程与典型方案的差异，对工程量和物料进行调整，得出本体费用。

4）其他费用调整：根据实际工程所在区域调整典型方案中可调整的其他费用项，预规中规定的其他费用项计算标准不变，依此标准重新计算实际工程的其他费用。

（2）更换组合构件。

1）选择方案：选取多个方案，并根据实际工程的情况，每个方案乘以对应的构件数量，然后将各方案的工程量进行累加，拼接后得到拟编制工程的工程量。同一设备的不同检修内容形成的检修方案不可合并。

2）取费及价格水平调整：按照当地取费要求、材机调价水平要求对方案进行调整。

3）工程量调整：根据实际工程与典型方案的差异，对工程量和物料进行调整，得出本体费用。

4）其他费用调整：根据实际工程所在区域调整典型方案中可调整的其他费用项，《预规》中规定的其他费用项计算标准不变，依此标准重新计算实际工程的其他费用。

第四步：得到实际工程造价，并得出实际工程与典型方案的差异。

附录 A 建筑修缮、设备检修工程取费基数及费率一览表

建筑修缮、设备检修工程取费基数及费率一览表见表 A1。

表 A1　　　　建筑修缮、设备检修工程取费基数及费率一览表

项目名称			取费基数	费率（%）	
				建筑修缮	设备检修
直接费	措施费	冬雨季施工增加费	人工费+机械费	3.09	3.19
		夜间施工增加费		2.39	2.71
		施工工具用具使用费		2.78	3.76
		临时设施费		10.28	9.38
		安全文明施工费		12.98	9.97
间接费	规费	社会保险费	人工费	28.3	28.3
		住房公积金		12	12
	企业管理费		人工费+机械费	30.51	27.31
利润				9.99	8.99
编制基准期价差			人工价差	4.75	4.97
			材机价差	—	6.37（35kV/110kV）；7.58（220kV）；5.63（500kV）
增值税			直接费+间接费+利润+编制基准期价差	9	9

注　"夜间施工增加费"设备安装工程可按工程实际计取。

附录 B 其他费用取费基数及费率一览表

其他费用取费基数及费率一览表见表 B1。

表 B1　　　　　　　　其他费用取费基数及费率一览表

序号	工程或费用名称	取费基数、计算方法或依据	费率（%）	备注
1	检修场地租用及清理费			
1.1	土地租用费			不计列
1.2	余物清理费			不计列
1.3	输电线路走廊清理费			不计列
1.4	线路跨越补偿费			不计列
1.5	水土保持补偿费			不计列
2	项目管理费			
2.1	管理经费	建筑修缮费+设备检修费	1.24	
2.2	招标费	建筑修缮费+设备检修费	1.20	
2.3	工程监理费	建筑修缮费+设备检修费	4.40	
2.4	工程保险费	按《预规》规定计列		
3	项目技术服务费			
3.1	前期工作费	建筑修缮费+设备检修费	2.53	
3.2	工程勘察设计费			
3.2.1	勘察费	按《预规》规定计列		
3.2.2	设计费	按《预规》规定计列		
3.3	设计文件评审费			
3.3.1	初步设计文件评审费	设计费	3.50	
3.3.2	施工图文件评审费	设计费	3.80	
3.4	结算文件审核费	建筑修缮费+设备检修费	0.44	
3.5	项目后评价费	建筑修缮费+设备检修费		不计列
3.6	工程检测费			不计列
3.7	设备专修费			不计列
3.8	技术经济标准编制费	建筑修缮费+设备检修费		不计列

注　"招标费、设计文件评审费、结算文件审核费"可按工程实际计取。

参 考 文 献

[1] 国家能源局. 电网技术改造工程预算编制与计算规定（2020 年版）[M]. 北京：中国电力出版社，2021.

[2] 国家能源局. 电网检修工程预算编制与计算规定（2020 年版）[M]. 北京：中国电力出版社，2021.

[3] 国家能源局. 电网技术改造工程概算定额（2020 年版）[M]. 北京：中国电力出版社，2021.

[4] 国家能源局. 电网技术改造工程预算定额（2020 年版）[M]. 北京：中国电力出版社，2021.

[5] 国家能源局. 电网检修工程预算定额（2020 年版）[M]. 北京：中国电力出版社，2021.

[6] 国家能源局. 电网拆除工程预算定额（2020 年版）[M]. 北京：中国电力出版社，2021.

[7] 中国电力企业联合会. 电力建设工程装置性材料综合预算价格（2018 年版）[M]. 北京：中国电力出版社，2020.

[8] 北京市建设工程造价管理总站. 北京工程造价信息（月刊〔第 266 期〕）[G]. 北京：北京市住房和城乡建设委员会，2022.

[9] 国家电网有限公司电力建设定额站. 2022 年第三季度电网工程设备材料信息价（总 41 期）[S]. 北京：国家电网有限公司，2022.

[10] 电力工程造价与定额管理总站. 电力工程造价与定额管理总站关于发布 2020 版电网技术改造及检修工程概预算定额 2022 年上半年价格水平调整系数的通知（定额〔2022〕21 号）[S]. 北京：电力工程造价与定额管理总站，2022.

[11] 中华人民共和国住房和城乡建设部. 35kV～110kV 变电站设计规范：GB 50059—2011 [S]. 北京：中国计划出版社，2012.

[12] 中华人民共和国住房和城乡建设部. 混凝土结构设计规范：GB 50010—2010（2015 年版）[S]. 北京：中国建筑工业出版社，2011.

[13] 中华人民共和国住房和城乡建设部. 钢结构设计标准：GB 50017—2017 [S]. 北京：中国建筑工业出版社，2018.

[14] 国家电网公司. 国家电网公司输变电工程典型设计（2011 年版）[M]. 北京：中国电力出版社，2011.

[15] 国家电网公司. 输变电工程造价分析内容深度规定：Q/GDW 433—2010 [S]. 北京：中国电力出版社，2010.

[16] 国家电网公司. 110kV 变电站通用设计规范：Q/GDW 203—2008 [S]. 北京：中国电力出版社，2008.

[17] 国家电网公司. 220kV 变电站通用设计规范：Q/GDW 204—2008 [S]. 北京：中国电力出版社，2008.

[18] 国家电网公司. 500kV 变电站通用设计规范：Q/GDW 342—2009 [S]. 北京：中国电力出版社，2009.

[19] 国家能源局. 变电站测控装置技术规范：DL/T 1512—2016 [S]. 北京：中国电力出版社，2016.

[20] 国家能源局. 220kV～750kV 变电站设计技术规程：DL/T 5218—2012 [S]. 北京：中国计划出版社，2012.

[21] 国家能源局. 变电工程初步设计内容深度规定：DL/T 5452—2012 [S]. 北京：中国电力出版社，2012.

［22］中华人民共和国住房和城乡建设部. 35kV～110kV变电站设计规范：GB 50059—2011［S］. 北京：中国计划出版社，2011.

［23］国家能源局. 输变电工程工程量清单计价规范：Q/GDW 11337—2014［S］. 北京：中国电力出版社，2014.

［24］国家能源局. 输变电工程可行性研究投资估算编制导则：DL/T 5469—2021［S］. 北京：中国计划出版社，2021.